网红
是这样炼成的

苏 静◎著

U0681269

经济管理出版社
ECONOMY & MANAGEMENT PUBLISHING HOUSE

图书在版编目（CIP）数据

网红是这样炼成的/苏静著. —北京：经济管理出版社，2016.6
ISBN 978 - 7 - 5096 - 4463 - 8

Ⅰ.①网… Ⅱ.①苏… Ⅲ.①网络营销—研究②网络广告—研究 Ⅳ.①F713.36

中国版本图书馆 CIP 数据核字（2016）第 135203 号

组稿编辑：张　艳
责任编辑：张　艳　丁慧敏
责任印制：黄章平
责任校对：张　青

出版发行：经济管理出版社
　　　　　（北京市海淀区北蜂窝 8 号中雅大厦 A 座 11 层　100038）
网　　址：www.E－mp.com.cn
电　　话：(010) 51915602
印　　刷：北京银祥印刷厂
经　　销：新华书店
开　　本：720mm×1000mm/16
印　　张：12.75
字　　数：180 千字
版　　次：2016 年 7 月第 1 版　2016 年 7 月第 1 次印刷
书　　号：ISBN 978 - 7 - 5096 - 4463 - 8
定　　价：38.00 元

· 版权所有　翻印必究 ·
凡购本社图书，如有印装错误，由本社读者服务部负责调换。
联系地址：北京阜外月坛北小街 2 号
电话：(010) 68022974　邮编：100836

前　言

打造网红就是一场营销秀

很多网络红人（简称"网红"）貌似都是偶然间被人发现，然后传播开来，甚至于一夜之间火遍全球。事实上，网红成名的背后却有网红经纪公司这个幕后团队在推动，将他们从人群中推到众人面前，接受大家的品头论足。奶茶妹妹、甘蔗西施、小月月、百元哥，甚至是流浪汉犀利哥频频出现，**就像是忽如一夜春风来，网络红人遍地开**，这些原本在人群中不起眼的平凡人，络绎不绝地在网络上走红。

近期，随着一大批网红的出现，围绕网红生发的商业链条和盈利模式也浮出水面，并被称为"网红经济"。大量的粉丝、强大的话题性、资本认可的商业变现能力、日益延伸的产业链……"网红经济"已经成为移动互联网时代一个重要的社会现象。

早在 10 年前的网络论坛时代，芙蓉姐姐就在推手们的运作下成名。此后，微博大 V 在自媒体时代风起云涌。而如今，随着微信公众号、短视频、直播平台等更多自媒体平台的出现，越来越多的网红出现在公众眼前，围绕网红衍生出的产业链也令人眼花缭乱："网红孵化公司"、"网红培训班"应运而生，网红推手、网红营销公司成为其背后的强大团队，网红代言产品、网红经营的淘宝店也收益大增……

可以说，如今正是一个崇尚个性传媒的时代。随着"95 后"的崛起，他们在网上最爱做的是点赞、分享、评论和吐槽，最认同当下互联网上流行的宅、逗比、呆、高冷等流行价值观，追求敢想敢说敢做，注重娱乐和社交，热衷于弹幕、美颜，聊天必备"表情包"。而作为移动互联网和网络社交平台最重要的用户，以"95 后"为代表的青年一代所具有的这种心态也为网红的成长提供了社会基础。

其实说到底，网红就是自媒体时代活跃在网络世界的明星，他们的出现改变了我们这个时代的"造星机制"，成名的门槛降低了很多。网红不需要其他人来界定和赋予权力，他们需要面对的只有用户，这也是互联网对社会更深刻的平面化影响。

罗辑思维公司创始人罗振宇表示："上一代市场的核心资源是'组织力'+资本，企业的发展需要巨大的资本支撑，但在未来的市场上，资本的价值会逐步低落，'组织力'仍然非常重要，'魅力人格体'则会因为稀缺而更加重要，它可以将产业链上的其他资源聚合起来。"罗振宇所说的"魅力人格体"，其实就是网红所具备的独特个性。

而从营销角度来说，打造网红就是一场营销秀："产品"就是想成为网红的人，流程和做网络营销一样，首先进行产品的策划和定位，其次制定策略、确定渠道、寻找方法，最后实现盈利。

在网红经济产业链中，网红经纪公司具有重要作用。在网红经济渐渐兴起之时，淘宝平台上逐渐出现了以莉家和榴莲家为代表的专业网红孵化公司。在网红孵化公司与网红的合作中，网红负责和粉丝沟通、推荐产品，网红孵化公司则将精力集中在店铺日常运营和供应链建设以及设计上。

由于资本的介入，网红们也从单打独斗逐渐变得规模化，甚至开始形成一条网红运营的流水线，从入驻孵化器发展到后期的淘宝大数据分析以及雇用专业的运营团队等。公司化的运作让一些网红的粉丝群体得到了迅猛扩张，店铺存在的供应链问题也因此获得了改善。

除了网红经纪公司这个"推手"的运作，网红自身也必须在各方面做出努力。要做网红、要成名，需要具备一定的个人资质，比如颜值高、能增粉、懂推广等，并遵循一定的步骤，还需要发挥个人特长及善于变现（即赚钱）等。当然这同样是一场营销秀，秀好台步，你就是网红，台步失误，自然被拉黑，这就是商业。

当然，无论何时、无论怎样，做一个内容制造者，生产出好的"内容"，就不愁没人买单。对网红经纪公司如此，对网红本人更是如此！

目　录

从垂直社交产品的兴起，到 2015 年网红进入爆发期，这不是偶然。社交媒体环境的迅速变化，社交媒体产品的迭代加速，都会产生我们意想不到的现象，而网红现象是最直接的体现，网红们也成了这个特定阶段最大的受益者。随着网红的兴起和网红经济的出现，社会资本活泼地流向了它认为值得的方向，网红们从群众中来，到群众中去，带动了消费者市场细分。

在很多人眼中，成为微商网红的主要原因就是漂亮，都觉得月薪上万的网红就是这样形成的，其实不是这样的，只是漂亮是不可能成为网红的，还需要真材实料。网红其实跟运营店铺一样，都要有自己的一套运营思维，这样才能成功。如何做一个微商网红？无疑需要一些条件。

第三章 析路径：要做网络红人，需走六个步骤 ………… 45

分析网络红人的成功路径，可以总结为六个步骤：培养自己的个人气质；想好一个未来可能成为网红的名字；拥有属于自己的个人网站；尽量写些与众不同的文章；拍摄创意视频进行传播；宣传自己，形成病毒式营销。凡事都有可能，就看你怎么坚持走下去，等待一鸣惊人的那天。

第四章　十大靠：成为网红，总得靠一桩 ················· 65

网红经济时代，想在"网红市场"中分得蛋糕的人很多。但网红成名并非易事，没有找到正确的套路，一味地想着引人注目，是火不长久的。网红需要根据自己的特点，选择适合自己的套路。火到爆表的网红，大概有靠美成名、靠丑成名、靠写成名、靠说成名、靠图成名、靠才艺成名、靠卖萌成名、靠事件成名、靠视频成名、靠事业成名10个捷径。要做网红，这"十大靠"中总得靠一桩。

第五章　推星术：网络推手打造网红的功夫 ················· 97

网红只是舞台上的演员，幕布背后实际上有着更加熟悉公众心理、媒体运作的网络推手。网络推手这个行业有着大致相同的工作方式：接案子、集体讨论、寻找要推出的"红人"及赞助企业、拟定大纲、实际操作。这种推星术已经渐渐成为一种事件营销的方式，被大众习惯和接受。然而炒作江湖里鱼龙混杂，只有真正懂营销、懂市场、懂传播、懂技术的网络推手公司才会更有前景。

第六章　指迷津：网红社群化营销三大要素 …………… 117

网红的成功其实是粉丝经营的成功。在粉丝经济中，除了网红，曾经的博客大Ｖ还有雷军的小米手机做得比较成功，但他们的成功是很难复制的，今天，上千家的网红店铺，才算得上大众的社群化营销。事实上，网红店铺的粉丝营销，如果从社群化营销的角度来分析，成功者无不具备这样三个要素：社群化营销要娱乐化；社群化营销必须专注；社群化营销必须塑造品牌。

有媒体称，当前部分网红的赚钱能力不逊于一线影视明星。更有人预言，以后整个社会就是围绕着几十万上百万个网红进行产业重构，网红赚钱方式将会不断创新。网红经济如此火爆，如何成为一名能赚钱的网红？研究发现，这样几件事必须做好：最好具备符合大众审美的高颜值；背靠网红经纪公司；将网店客户转化为粉丝；用网红思维运行淘宝店；选择适合自己的变现路径。

在"粉丝经济"的巨大红利下，很多网红借助影响力接代言、发广告，把自己的IP产业化，或者利用知名度、影响力的优势创业，快速赚取了"第一桶金"。2016年文创产业进入了集中增长爆发期，IP、二次元、内容等一系列关键词横跨文创产业的各个领域，网红无疑成为了最有话语权的群体，这里列举的十大网红"群星谱"，他们小则拿融资，大则当投资人，实在不可小觑。

第一章 大背景：网红为什么这样红

从垂直社交产品的兴起，到 2015 年网红进入爆发期，这不是偶然。社交媒体环境的迅速变化，社交媒体产品的迭代加速，都会产生我们意想不到的现象，而网红现象是最直接的体现，网红们也成了这个特定阶段最大的受益者。随着网红的兴起和网红经济的出现，社会资本活泼地流向了它认为值得的方向，网红们从群众中来，到群众中去，带动了消费者市场细分。

社交媒体环境迭代催生网红

美国著名的媒体文化研究者和批评家尼尔·波兹曼在《娱乐至死》中说："一切公众话语日渐以娱乐的方式出现并成为一种文化精神。我们的政治、宗教、新闻、体育、教育和商业都心甘情愿地成为娱乐的附庸，毫无怨言，甚至无声无息，其结果是我们成了一个娱乐至死的物种。"在尼尔·波兹曼的笔下，人人都有机会出名 15 分钟。

随着社交媒体的发展，传统的"精英"和"良品"筛选机制正受到极大的挑战，媒体和专家作为"守门人"的权威正在被大众的各种偏好吞噬。一方面，我们确有可能被所谓的"文化娱乐"绑架；另一方面，这种景象也未尝不让人振奋。事实就是这样，正是社交媒体环境迭代催生了网红。

第一，社交媒体的集体爆发是现在网红遍地的重要原因。

2009 年新浪微博出现后，国内才真正拉开大众社交媒体时代的序幕。2009～2012 年微博仍然是主流社交媒体。但 2011 年初微信的出现，使社交媒体环境又发生了一次大的变化，微信开创了移动端社交圈子的新阶段，到 2013 年微信用户迅速达到 6 亿多。自此，国内两大社交媒体平台的地位最终确定下来，微博走新闻路线，微信走社交路线。从 2014 年开始，垂直领域的社交产品开始发力，出现了许多小众化的社交产品，比如唱吧、秒拍、美拍、A 站与 B 站等。而垂直社交产品的方向也更加细分，有兴趣社交产品、短视频社区产品、二次元社交产品、弹幕社交产品等。越来越多的创业人士想进入垂直社交产品领域。也就在 2015 年，网红进入了爆发期。

社交媒体催生网红，或许芙蓉姐姐最具代表性。

芙蓉姐姐原名史恒侠，2005 年前后，芙蓉姐姐参加了清华某院系的研究生元旦晚会，为研究生歌手伴舞，结果却跳了一套看了吃不下饭的"S"形舞。不久，有网络拍客将芙蓉姐姐的照片上传到水木清华、北大未名和猫扑网站上，旋风一般在网络中崛起。她个人照片上独特的 POSE、自我表达中绝佳的自信，都与大众审美形成了强烈的反差，引起网友的强势"围观"，终于从清华、北大火到了天涯，火遍了全国，成为网络红人。在发达的社交媒体力量下，芙蓉姐姐开创了一个先例：一位背景、天分和相貌都没有过人之处的普通人依靠社交媒体就能实现个人的成功，并能将名气转化为商业利益。在她之后的十年，各种小美女、小鲜肉以闪电般的速度冒出来，天仙妹妹、凤姐等网络红人陆续出现。

芙蓉姐姐等网红的故事开始于 BBS 时代，然后完成了从 BBS 到社交化红人的跨越。他们的荣耀诞生，是一场精心策划的意外，也是一个美丽的"意外"。

第二，社交媒体环境下的网红大众化。

社交媒体还在持续高速发展，如今豆瓣、微博、知乎等产生的网红已经让我们目不暇接。

在豆瓣上持续个人标签化地发帖，也有变成小组内红人的可能。豆瓣是一个神奇而又充满了魅力的地方，曾经活跃着木卫二、作家安东尼、艾小柯、福根儿、庄雅婷、张佳玮，甚至罗永浩和菜头等网络红人。此外，还有无数神奇的小组，如景涛咆哮组、北京吃喝玩乐组、高压锅小组……几乎每一个小组都有 N 多既让人们完全意想不到，又可以瞬间抓住人们注意力的内容。这是一个既有调性，又很好玩和有趣的地方。上面遍布着有趣的内容、有趣的事和有趣的人。当时的整个互联网上，类似"豆瓣评分最高的 100 本书"、"豆瓣排名最高的 100 部电影"、"豆瓣上那些神奇的小组"等这样的内容，被传得满世界都是。这样一个调性十足的豆瓣。

相比于门户时代，社交媒体有更强的传播属性，粉丝也更容易聚集，如很多名人动辄能够在微博上聚集上千万的粉丝。而对于一些有几分姿色的平面模特来说，只要保持在微博上持续更新自己的照片，聚集到数万的粉丝也很容易。而达到上万粉丝关注的用户，已经超过了微博上95%的普通用户，便正式进阶成为了网红。而在知乎上坚持不懈地回答一些专业问题，也可以实现上万的关注，从而成为网红。

第三，社交媒体环境下，人人都可以是网红。

社交媒体的出现，让很多能够创造优质内容的博主成为了自媒体，其实也是小圈子里的网红。而目前正在爆发期的音频、视频社交媒体平台，都会出现成千上万的有数万粉丝的小网红。你如果爱唱歌，可以在唱吧做一个小网红，如果你爱侃大山，可以到 YY 聊天室做一个小网红，如果你爱安静地写东西，那就可以在微信公众号里做个小网红，总之是"条条大路通罗马"，在未来人人都可以用自己喜欢的方式成为网红。

随着视频社交平台的逐步成熟，还将产生更大批量的网红。随着流量资费的持续下降以及网络流畅度越来越高，类似秒拍、美拍、小咖秀等的视频社交平台将是下一个网红诞生集中地。在未来，每个人都可以成为网红。

小众化圈层发酵下的网红

"圈层"是对于特定社会群体的概括。从"物以类聚，人以群分"的角度来说，圈层就是某一类具有相似的经济条件、生活形态、艺术品位的人，在互相联系中形成的一个小圈子。随着社交媒介环境越来越朝需求、兴趣、爱好、个人追求等方向细分和延伸，网红们的小众化圈层出现了。在这个小众化圈层里，网红的整体表现已然不同以往，而且"制造网红"也已构成"现象级"。

第一，小众化圈层网红的特征。

社交产品通过功能的设计对个人行为进行激励，会激发普通人分享信息的欲望，更确切地说，是分享自己的作品、观点和看法的欲望。小众化圈层网红具有三大特征，如表1－1所示。

表1－1　小众化圈层网红的三大特征

特征	内容
满足需求	在这些小众化的垂直社交产品里，个人的兴趣、需求会更大化地被满足
去中心化	小众化圈层里去中心化明显，其人人平等的产品设计，让个人找到成就感和存在感。不像微博那样，即便你的圈子高大上，但你可能仍觉得永远不属于这里，或者觉得没有话语权
更被尊重	在小众化圈层里，个人成名或"被突出"的权利被更大化尊重。你会给唱吧圈子里的朋友或者美拍社区里的人点赞，但你更加确信，"我的作品也不差"；"既然都是普通人，我们之间没有太大差别"。除去幕后运作公司的因素，再除去个人创作手法、创意等因素，正常而言，其实每个人被突出显示的概率都是差不多的。这会激发人们不停地在这个圈子平台上创作新作品

表1－1所述特征表明，当精英化名人路线遥不可及时，小众化社交平台无疑给了他们最大的动机，也让他们十分愿意参与进来。因为这种努力参与是有方向感的，并且有确定感，也有把握，并不是遥不可及的。那些别出心

裁、标新立异的人（papi 酱反常规的有趣，艾里克克也是反常规的搞笑和幽默），或者那些不甘平庸又自认为比别人优秀的人，或者那些不得志的普通人，他们更具努力的动机。

第二，公司"制造网红"的助推作用。

垂直化社交平台给普通用户提供了空间和环境，同样也给那些"制造网红"的公司提供了最大的便利，给他们提供了一条低成本培养"明星"的渠道，于是，生产网红、推动网红成为热点、网红后期推出 IP 衍生产品甚至盈利等一系列链条式"网红经济"便形成了。如果观察唱吧的动作，从湖南卫视洪涛的加入，其实就能看到，这条路子已经初具形状了。

在"制造网红"的助推作用下，虽然我们并不确定究竟有多少网红是真的"普通人"意外蹿红，还是被"包装"和策划而如计划走红，无论是哪种情况，垂直社交产品的确给普通用户提供了满足自己兴趣、爱好、实际需求甚至欲望的最便利条件，也满足了他们的心理需求。

当然这里有一个逻辑不能颠倒：并不是每个人都是冲着网红才活跃在这些平台上。事实上，他们是根据自己的兴趣、爱好、个人不同层次的需求才分流在不同的平台上。但在这些平台上，他们发现自己拥有这些平等权利，从而激发他们的信息生产，他们也在这些平台上不断自我塑造。

未来，每个人活在自己的圈层里面，在传播、社交、电商、信用方面，"圈层化"将越来越明显。从这个趋势上讲，网红群体将扩大，网红也将被赋予更多的内涵。

网红蹿红的三大法宝

网红要红离不开三大法宝：一是他们生产的传播内容；二是用户是谁，或者谁喜欢网红并"捧"他们；三是他们抓住了哪些渠道分发内容，其内容通过怎样的传播路径而达到量级传播。

第一，传播内容："治愈系"或"释放式"的网络文化产品。

整体看网红的作品会发现，他们的内容有以下几种风格：逗比风（疯）；不羁风（疯）；奇葩风（疯）；搞笑风（疯）；火辣风（疯）；无厘头风（疯）；美上天；丑到家……内容类型也多是轻松类、搞笑类、娱乐类、社会热点类。为什么这样的网红作品能比较快地"脱颖而出"？因为内容，因为这是一个"内容为王"的时代！

今天，我们已经到了一个物质极大丰富、信息极大饱和、节奏急剧加快、技术更新迅速的时代，今天的技术或产品明天就可能会过时，焦虑感爆棚，知识迭代超级迅速……生活在网络上的我们，需要一些情绪出口。能够让大众在某个时间段共同爆发的"治愈系"或"释放式"文化产品，便极有可能成为热点现象，并备受人们讨论和关注。

微信生态中的热点更替很频繁，两三天便造出一个热点。在一波波热点出现后，你真的会发现，每一个热点都有全民娱乐的潜质，并且也有极强的

"治愈"效果。当大众集中消费一个共同的热点时，他们会达到一种集体兴奋的状态，直到下一个热点到来。这种热点波浪现象已经成为当前社交媒体环境中的一大现象和亮点。并且，如今在社交媒体上，信息阅读已经明显分层。这些分层并不一定是社会地位，而是信息需求口味已经分层。

在微信上，那些搞笑、段子、情感、轻松娱乐的内容有非常多的粉丝，而这个层次的用户数量也非常大，他们不喜欢严肃话题，对互联网上传播的内容也不会深思。他们只是通过这些内容得到了精神的释放，有了快乐或者共鸣，也很容易有分享欲并传播这些内容。当这些内容越来越火爆时，就会形成"滚雪球"效应，直到"全民狂欢"达到共同的精神释放。信息链条在其中很快打开，并迅速向周围网状式扩展。

所以，轻松娱乐型信息或内容更容易走红，传播量通常也会暴增。此处引申出另一个结论：不能靠阅读量或传播的火热量来判断内容的价值。

第二，目标对象：社交网络上的年轻人。

看看 2015 年出现的大批网红，他们中多数是活跃在各种垂直类社交媒体平台或者二次元社交产品平台上的"90后"，他们的通用语言可能我们已经无法看懂。当这些网红们用一种"傲娇"、"无厘头"、"萌呆"、"我就是我"的表达方式来展现自己时，他们便获得了年轻人的追捧，并且年轻人也最能解读他们在作品中所表现的想法，最能理解和接受他们奇异独特的方式，也最能 Get 到年轻人的兴奋点。

这些网红作品在最初阶段能得到大批"90后"用户群体的支持，从而提升了曝光度和传播力度，随着曝光和传播的进一步加大，再扩展到其他人群，引起更大范围的网络传播。并且，现在很多创业型垂直社交产品越来越想定位在"90后"年轻人或者更年轻的人群（"00后"）身上，很多产品本身就是一个二次元社交圈子。

这些垂直社交产品就像一个个蜂巢，有一定的运行规则，每个蜂巢里都聚集着有类似兴趣、爱好、需求的年轻人圈子。"蜂巢"鼓励年轻人不停地把信息、作品、观点想法等输入进来，又会把内部的优秀作品或信息分享出去。信息输入和输出的流动性越高，意味着社交媒体平台的分享频率和分享欲望越高，那这个平台圈子对年轻人的黏性就越大。

目前的中国互联网，20～26岁（"90后"）的年轻人占的比例最大，"00后"网民也正迎头而上。要讨好这群拥有独特想法的、挑剔的年轻人会越发不容易——网红门槛将会越来越高，准确说是对网红的要求越来越高。

第三，传播路径：将好内容分发到更大范围传播。

如前文所说，网红在某一个垂直社交平台上生产了好内容，也在这个平台所属的圈子里圈住了一定量的粉丝，但这只能说明，他走出了第一步，从这个平台的众多用户中脱颖出来，但这不足以让这个网红红遍大江南北。所以，这个时候传播渠道、路径就显得十分重要。在今天的社交媒体时代，内容仍然越来越重要，但是内容要形成影响力的话，渠道分发能力就更加重要，渠道分发能力越强，引起整个网络大范围传播的概率就越大。

以前一条新闻内容经过几大门户的报道和互相转载，就能够在网络上掀起波浪。就像电视媒体曾经做到的那样。但是别忘了，今天的用户已经越来越细分化，越来越分散并活跃在不同的垂直社交平台圈子里，并且这在年轻人群体中体现得会更加明显。再加上不同的媒介如今都在占领自己的地盘，都希望将流量圈住，形成自家平台圈子的完整生态链条。所以除去平台和平台之间的定位、功能的差别之外，为了自身发展，平台也不会有太多意愿互通信息。

所以，一条好内容单单在一个媒介平台上只能影响这个平台圈子里的人，除非这个内容能够很大程度引发这个圈子里的人向外传播，传播到大众社交媒体上，才有可能引发更广泛的传播。当然，这里说的是"可能"，但这个可能性单单依靠一个平台的话，就会小很多。如果一条内容能够同时分发到不同的垂直社交平台，通过这种方式引起更大范围、不同特点用户的关注，那么联动式的传播就更可能形成。当然，这里的逻辑是可能性或概率更高，而不是说，只要你在所有渠道分发了，就一定能火。

综观 2015 年出现的网红以及 2016 年瞬间爆红的 papi 酱，分析他们最初阶段分发的内容就可以看出，大多数网红兴起于贴吧（主要是百度贴吧）、短视频社区（美拍、秒拍）、长视频网站、兴趣社交平台（唱吧）、弹幕社区（A 站、B 站）等，这些地方都是年轻人最活跃的地方，并且他们在微博、微信上都有阵地。papi 酱在传播渠道的利用方面就非常好，简直到了炉火纯青的地步。

有的网红看似一夜爆红，但许多网红其实在红之前也经历了一定的酝酿期。一开始在某些社交平台上积累粉丝，小范围传播，小量曝光，然后经过不断地发布内容，吸引更多的年轻粉丝，扩大第一批种子粉丝。当各平台的种子粉丝达到一定量的时候，更大面积范围的分裂式、网状传播才会形成。

即便是红得发紫的 papi 酱也并不是一下子就红了。她起初在微博上上传的视频风格并不十分突出和明显，运作较长时间后，也没有引起比较大的关注。之后，papi酱开始转战美拍、秒拍、小咖秀、A站、B站等社区，上传的视频内容也不断进化，之后利用秒拍对声音进行变声处理，内容话题和风格进一步明朗化，这时才开始在这些垂直社交平台上迅速积累大量粉丝。而后，又在微博上迅速形成传播效应，在微信上引起大波澜，一发不可收拾。所以，的确有这样一个由"好内容"多分发—吸引更多关注—引发传播点—再到更大范围传播的过程。

在这个路径中，像微博、微信这样的大众社交媒体的作用是最重要的。但是，在这些海量信息的平台上要红起来，成本太高了，一个是时间成本，另一个是对传播点的要求越来越高。人们已经看惯了各种热点事件，已经适应了各种刺激，当你想在微博、微信上引起最终爆发式传播，就必须要在内容上更加努力、更加具有新意、更加具有传播效应的点。

因此，未来随着面向年轻人的垂直社交平台的进一步成熟化，可能网红链条和网红经济也会更加成熟。他们的传播工具或渠道一定是全覆盖的，这样才会有更大可能存在。而从传播路径看，先在某些垂直社交平台上打内围赛，然后不断积累能量和声望，最后才可能在微博或微信这样的大社交媒体平台引起全网传播。

当然，未来网红能否实现全民熟知可能已经不重要，重要的是，他们在这些平台上非常突出，并且后续有很多延伸产品来发展事业。

第四，附上10条"网红养成计"。

成为网红不仅需要做好传播，还有网红自身的原因，而这个原因才是根本。归纳起来，"网红养成计"约有 10 条，如表 1 - 2 所示。

表 1 - 2　不可不知的 10 条 "网红养成计"

序号	内容
1	如果你想当网红，你需要有 "豁出去" 的精神
2	你要具备一定才能，最重要的是能够生产 "好内容"，明白你到底 "卖什么"
3	抓住各种垂直社交产品渠道，选择几个扎根下去。积极上传个人作品，积极与各种人互动，让他们成为你的粉丝，鼓励他们传播你的作品
4	盯住年轻人的口味，并且也要深谙互联网 "大多数人" 的口味，毕竟娱乐、猎奇、轻松搞笑、无厘头等内容风格才是他们的最爱
5	想好红了之后，该怎么办？
6	管他呢，先红了再说
7	红的过程有的比较短，有的需要一定潜伏期。所以，如果你以网络走红为目的，那么一定得熬得住潜伏期的寂寞，并坚持创造新内容、好内容
8	网红链条可能会慢慢成熟，可能也会朝专业化方向发展，所以看别人当网红容易，其实会越来越难，要求也越来越高。虽然人人都有可能，但有时真不可能。三思而后行
9	如果你想做某垂直领域的社交产品，并希望做网红经济，那么在功能设计上尽可能激发用户的分享欲和传播精神，并且保护他们的分享欲，把他们的分享欲变成你的附加产品
10	该 "网红养成计" 本着客观观察提出理论化的方法和建议，理论上可能可行，但市场千变万化、人心复杂，影响因素又太多，所以如果没有红也不要气馁

为什么大家会捧红他

对于网红，人们为什么毫无保留地把热情和时间献给他们？对于这些现象存在的内生合理性，只要我们愿意试着去理解网红现象，人们追捧网红的真正原因并不难发现。事实上，大家之所以会捧网红，有其背后心理因素。

第一，"草根网红""助推器"：认可和情景代入感。

我们前些年热炒"草根经济"、"草根网红"，是因为互联网的发展和网民规模的不断扩大，社会普通人可以通过互联网发出自己的声音，引起社会的关注，于是，普通人抓住互联网渠道表达自己的欲望是十分强烈的。直到以微博为代表的互动性极强、开放性较大的"社交媒体"出现，普通人在网络中表达观点的欲望被进一步刺激。可以说，网络真的成了人们的表达渠道和展示平台。

比如，某个学校的校花长得好看就可以成为网红；某个人特别奇葩特别丑，也可以成为网红；某个学霸也可以成为网红；某个人的经历特别惨，靠自己的努力取得某方面的成就，也可以成为网红。这些"草根"有一个共同点：他们出自我们身边，就在现实生活中，他们就是让我们感觉能触摸到的普通人，并且他们身上有一个非常明确的点就够了，凭借这一个点就可以迅速走红。

对于大多数网民来说，人们对于身边的某些"草根网红"有一种"认可"心理。他们认为，"这些人不是大明星"，"他们就在我身边"。这种"就在我身边"的阶层认同感会拉近"草根"和更多普通人的距离，形成一种天然的"亲近感"。并且这种心理会促进更多"草根"或普通大众维护"草根网红"，促进普通大众在互联网上对"草根网红"的传播。这个过程有极强的代入感。

所谓"代入感"，意思是说普通大众在传播网红的活动中，产生了一种自己代替了网红或自己和网红距离很近，从而有一种身在其中的感觉。这种感觉一般在小说读者或游戏玩家身上才会有。

第二，新生代网红的"助推器"：自我身份认同＋信息分享欲＋自传播精神。

有人说，今天的新生代网红已不再是真正意义上的"草根"，想要当网红甚至要有一定的"经济基础"和背景。这句话有一定道理。

如今的网红脱胎于年轻人，他们显得更加专业。他们在年轻人活跃的群体中获得追捧，他们懂得年轻人的网络语言，知道年轻人喜欢什么，表达年轻人所想；越特立独行，越与众不同、标新立异，越能凸显个性。可以说，今天的网红可以体现现在年轻人的气质、特点和风格。于是，淘宝曾经集结了几十位新生代网红拍摄产品宣传片，那些我们都不认识的网红，那些我们都不熟悉的标语和语言符号，却能够在年轻人当中引起共鸣。

这些年轻人追求个性的方式与众不同，他们的自我认同度非常高，因为他们伴随互联网成长，接触的信息和知识更广更多，有独特想法。从这个意义上讲，如果说今天的年轻人都有一颗"网红心"可能也不为过。以往我们对"草根网红"的认同感，是对他人的认可。而今天年轻人对新生代网红的认同则是"对自我身份的确定和认同"。

此外，如今典型垂直社交平台的产品规则设计，都极大地彰显了年轻人的"参与感"和"自我价值"的实现。比如，唱吧的社交激励模式、美拍的表情文、"文字＋声音＋图片"的内容模式；美拍增加了网页版，方便了用户在 PC 端的操作；还有秒拍的视频实时变声功能；大多数视频平台的弹幕功能；等等。

让年轻人感到"我也可以"的产品和功能设计，非常成功。随着垂直社交平台的不断兴起和成熟化发展，它们更具备制造网红的能力，也能够建立网红生产的规则和路子。

有人羡慕网红，有人参与产业链打造网红

在美国19世纪中期的淘金热潮中，赚到钱的不一定是淘金客。比如最让人津津乐道的故事是，利维·斯特劳斯发现淘金者对耐磨裤子的需求之后，将帐篷拆下做成牛仔裤，结果赚得盆满钵满，获得比绝大多数淘金者都多的经济收益。其实，在当下的经济热潮中，谁能另辟蹊径，满足网红产业链上的某个环节，那么赚到的钱可能比做网红更多。

从网红经济的产业链来看，上游包括经纪公司、孵化机构，同时也带动了美容化妆、摄影、文案编辑等多个环节，来包装打造网红；中游包括微博、微信等社交平台以及斗鱼、虎牙、56等各种视频直播平台，为网红传播推波助澜；下游则是电商、广告等变现渠道。这种多方参与的形式，正在改变原来的电商营销模式，在技术、质量短期无法根本性提升的情况下，网红实际上为产品赋予了更多的软价值。我们已经明晰了网红及网红经济的大背景，那么正视一线网红的收入，分析网红对营销模式的改革，解读资本入局网红产业链，其实是对网红及网红经济的一种人文思考。

第一，一线网红收入高。

在外界看来，网红们永远都是时尚靓丽，收入惊人。百年招商局旗下金融企业招商证券的一份研究报告称，网红经济市场规模已过千亿元，电商、广告、打赏、付费服务、线下活动是目前网红主要的变现方式。一位网红供应链市场的人士透露，现在网红做广告都很贵，一般做一次广告价格为 10 万元左右。据悉，拥有 32 万新浪微博粉丝的网红 ayoku 经纪人介绍，ayoku 的一条微博推广价在 4 万~7 万元。

淘宝店铺作为网红最主要的变现途径，变现能力惊人。在 2015 年淘宝"6·18"大促中，销量前十的淘宝女装店铺有 7 家店主为网红。网红店铺中甚至出现了开店仅两个月就做到了五钻（至少成交 5000 笔）的案例。其中的代表性人物王思聪女友雪梨（朱宸慧）的淘宝店"钱夫人"2014 年全年销售额超过 2 亿元。2015 年 8 月，淘宝在上海举办过一场网红现象沟通会，并公布了官方数据：截至 2015 年 8 月，淘宝平台已经有超过 1000 家网红店铺，部分网红店铺上架新产品时成交额可破千万元。2015 年 9 月，淘宝为网红专门开设了 IFASHION（淘宝达人）平台。

当下，经营电商或与电商平台合作正成为网红变现的主要来源。网红同电商的合作收入以销售分成为主，但是行业内分成比例差距较大，甚至是同一家电商，针对不同的网红也会有不同的分成比例。一般来看，网红少则分到销售额的 10%，多则超过 50%。业内人士透露，一般会根据网红的影响力、粉丝转化率、潜质、风格来考虑分成比例。

有业内人士透露，一个网红的包年费是 100 万元 + 销售分成，一年下来收入五六百万元。一线网红年收入甚至达到几千万元。但是，在网红的收入中，经纪公司也会分走一部分。在网红和经纪公司签约之初，公司会投入几十万元甚至上百万元对网红进行宣传推广，这部分费用会以成本的形式摊加到网店当年的经营成本上，导致网红利润分成减少。网红的实力不同也导致网红收入分化比较明显。青岛微创新营销公司基于网络大数据发布的网红经济白皮书显示，网红平均月收入2.1万元，这一平均收入水平也超过京沪等一线城市的普通白领。

第二，网红改革营销模式。

与传统电商相比，网红电商表现出更强的吸金能力。网红电商模式出现之前，因为淘宝和天猫拓展国际业务，更愿意将流量分给海外业务，国内电商获取流量遇到瓶颈。但是网红能够不依赖淘宝本身而从微博、微信等端口导入额外的流量，所以网红被认为是"自带流量"。

将粉丝转变为顾客是网红变现的基本逻辑。与传统的销售方式相比，网红更注重与粉丝的互动和个性化生产。网红更能理解潮流、粉丝的个性喜好，店铺只负责供应链的管理工作。在店铺推出新品之前，从选款、设计、搭配到工厂制作，网红通过社交平台征集粉丝意见，产品上架后再向粉丝展示推广。

实际上，网红店铺并不意味着产品在技术或质量上有实质性的提升，但为何更能获得粉丝青睐？因为网红推销的产品让消费者获得产品之外的情感价值和体验，在小众市场上，满足顾客更具个性的需求，这为普通产品带来了品牌溢价或软价值。

另外，与传统电商凭经验预估销量从而决定进货量不同，有些网红电商开启了预售模式，粉丝可根据喜好在店内提前下单预订，在预售限期内根据实际下单数量统一生产。一位业内人士透露，目前网红店铺的服装生产周期已能控制在一周左右。

网红打造的营销模式，改善了目前供应链效率较低以及客户精准营销的问题。在供应链的一端，网红作为意见领袖导购渠道，通过将其自身对时尚潮流的高敏感度对接供应链厂商，向粉丝主动推荐经过筛选的服装款式，提高了供应链生产效率，缓解了库存高、资金周转慢等问题。

第三，资本入局网红产业链。

由于网红经济产业链的上游环节、中游社交平台、下游变现渠道不断延伸，也吸引了资本的青睐。在这之中，拥有 800 多万微博粉丝的 papi 酱获得 1200 万元投资被认为是网红商业化进程中的一件大事。

2016 年 4 月 21 日，真格基金、罗辑思维、光源资本和星图资本宣布对 papi 酱投资 1200 万元，占股 12%；papi 酱团队持股 88%，估值 1 亿元。但罗辑思维负责人罗振宇表示这一估值其实包含了投资折扣，"以 papi 酱的美貌智慧和她合伙人杨铭的商业悟性，这个团队应该远远不止现在这个估值。有人说，我们是用'罗辑思维'和'真格基金'的品牌换来了投资折扣。其实不是，换来折扣的只是一个主意和一个建议"。有消息称，他认为 papi 酱的估值应当为 3 亿元。此后，罗振宇表示要做中国新媒体世界的第一次广告拍卖。罗振宇将在近期为 papi 酱举办两场情况沟通会，邀请广告主、代理机构参加，第一场 100 个席位，每席收取门票 8000 元。第二场待定。高额的门票也将 papi 酱再度推向关注热点。

除了 papi 酱，如涵电商、罗辑思维也在 2015 年获得了 B 轮融资，其中罗辑思维的市场估值已达 13.2 亿元。分析人士认为，伴随着网红盈利能力与商业价值的显现以及微博、淘宝等大平台的支持，目前正值行业加速扩张期，或有大批参与者涌入。

目前，资本在网红经济方面主要有两种投资方向：一种是投给网红个体，这源于网红人格化发展迅速，但是风险很大；另一种是投给平台，这是传统资本更加青睐的一种投资渠道，因为平台容易产生很多网红，有更多的可能性。

平台扶持：从网红到网红经济的跨越

从十年前的网络小胖、叫兽易小星到今天的白客、papi 酱，无不证明着网红经济的持续繁荣。网络时代，人人想红，再加上中国互联网的独特文化，刁钻、搞怪、才艺甚至扮丑，都受人口红利的影响而有着巨大市场，一批又一批的网红通过走红网络名利双收。随着网红成为偶像，网红经济持续升温，越来越多的人开始在网上展现自己，但想要名利双收，最快捷也最有可能的方式就是借助最具优势的平台。

第一，打造网红的主要平台及其优劣势分析。

打造网红的平台主要包括社交平台、网红经纪公司、供应链生产商或平台，如表1-3所示。

表1-3　打造网红的主要平台

主要平台	平台功能
社交平台	社交平台包括小型社交平台和综合社交平台两大类。小型社交平台在整个产业链中，由于其在某领域的专业性，往往会有部分在该领域有特殊才能的网友，在回帖互动的过程中逐渐受到其他网友的关注。随着关注人数的逐渐增多，该名具有特长的网友逐渐成为小型网红。由于各个具有专业性或功能性的社交网站的日常流量相对有限，为了持续提高自身知名度，其会持续向流量较大的综合性社交平台聚集，并在综合性社交平台上以网红身份长期活跃
网红经纪公司	网红经纪公司的运作模式基本有四个：一是寻找现有合适网红并签约。二是组织专业团队维护网红的社交账号。网红经纪公司需要定期更新内容以吸引粉丝注意以及保持与粉丝的互动维持黏性，使网红能够吸引粉丝点击相关店铺链接或者关注由网红推广的产品。三是组织生产。利用其供应链组织生产能力为网红对接供应链渠道，将其在网上宣传的产品进行实体生产。四是提供相关电商店铺的运营管理。网红经纪公司通过在网上店铺销售网红所宣传产品的方式将网红社交资产进行变现
供应链生产商或平台	由于供应链生产商或平台讲究时尚性和独特性，往往想要寻找能够灵活应对下游消费者需求，基本上做到随时生产、随时发货的供应商。因此，网红经纪公司自身或者其对接供应链的服务平台，需要通过大数据分析以及供应链人脉，为网红对接到在具备了一定规模后依旧能够保持快速反应和高品质的供应链。同时，由于这对供应链提出了较高的要求，部分品牌上市公司也想借助自己已有的成熟供应链体系参与这个环节

上述平台其实也是网红产业链中的重要部分，它们各有优劣势。除去规模上的普遍局限之外，各个平台在培养网红上均有自己的优劣势，如表1-4所示。

表1-4 各大平台打造网红的优劣势分析

平台类型	优劣势分析
兴趣及运动旅游类社交网站	这两类社交网站的优点在于平台用户均有相同的兴趣爱好，相似的需求容易使粉丝聚集并较快速地出现网红。但是这类网站的缺点在于某一垂直领域的粉丝数量较为有限，网红规模普遍比较有限
科普类社区网站	这类社区网站的优点在于网红凭借自身才能及广博的见识，能够持续不断地输出优质内容吸引各类有知识需求的网友，使得其粉丝不仅数量较多且均具有较强黏性。但是这类网站的缺点是，由于文化氛围较重，粉丝普遍比较排斥商业化，同时网红本身可能也有较强的个人价值观，这为其未来的变现增加了难度
视频直播类网站	这类网站借助目前"宅"文化以及游戏产业的兴起，受到越来越多网友的喜爱；同时在这一类社交网站上成长起来的网红，其自身外表及演艺素质也较为优秀，有利于未来的变现。然而在这类网站成长起来的网红普遍存在的问题是由于观众较快的口味变化使得网红的生命周期相对较短，而这类网红由于出道时有很大可能被某一形象框定，使得其未来转型也较为艰难

表1-4中的三类社交平台变现均有难度，虽然各个平台都有各自的优势，但都受制于各个垂直领域粉丝规模的约束，或是各个平台对广告链接的限制或商业化氛围的差别，抑或没有足够的软件系统（如与微博进行战略合作的微卖）为网红变现提供支持，各大社交平台的网红变现并不顺利。在这种情况下，新浪微博成为各平台网红变现的主要途径。这是因为，由于变现的困难，各平台的网红在获得一定粉丝数量后，逐步将活动中心转移到用户规模最大且最适合变现的微博上。各网红将自己原先平台上的粉丝引流到微博上，同时吸引更多的粉丝，再通过广告或者电商营销对聚集在新浪微博上的粉丝资源进行变现。

第二，成为网红的途径很多，选对平台很重要。

网红的范围不只于网络上走红的、善于自我营销的美女，网络上以新浪微博为主的各大社交平台上均长期活跃着各类垂直领域的意见领袖或者行业达人，包括游戏、动漫、美食、宠物、时尚、教育、摄影、股票等领域都有一些极具影响力的网红。因此，要成为网红，就要选对适合自己的平台。

现在移动直播已逐渐成为流行和趋势，这无疑也是将网友变为网红的最佳风口。多家直播平台纷纷凭借零成本的加盟门槛和互联网属性，为展示自己成就的网友铺设了一条快捷的成名之路。相对于现在大规模靠明星宣传吸粉的直播平台，如ME、映客、花椒直播等，真正专注用户需求和价值的平台少之又少，美拍、猫盟等直播平台无疑成为其中的佼佼者。

抛开美拍这种大树底下好乘凉的平台不说，猫盟直播的发展，更像是一个默默无闻的网友突然爆红蜕变成网红的励志过程。行业人士分析称，猫盟的快速成长得益于三点：首先，得益于抢先攻占了大学校园这个市场，庞大的大学生群体使得猫盟自诞生以来，就拥有行业竞争对手难以逾越的用户优势，其健康的直播平台定位，也在一定意义上提升了主播"红"的概率；其次，依托于主播超高的提成比例，无门槛零风险的收益，对于优质主播而言，有着巨大的吸引力和诱惑力；最后，把握先机，输送优质内容，主播们针对校园生活及网络热门事件，及时做出反应，输出新观点，传递大学校园正能量，也进一步提升"90后"用户群体的黏性。

每个人都有成为网红的机会，选择一个好的平台，将是一条直通网红的捷径。而相比普通的上传视频，现场直播无疑更具有冲击力和现场感，或许，直播将是继微博、微信之后的第三波移动互联网流量中心，而关于网红的争夺大战，各大直播平台的战争才刚刚打响。

第二章 论资质：微商网红
应具备的六个条件

在很多人眼中，成为微商网红的主要原因就是漂亮，都觉得月薪上万的网红就是这样形成的。其实不是这样的，只是漂亮是不可能成为网红的，还需要真材实料。网红其实跟运营店铺一样，都要有自己的一套运营思维，这样才能成功。如何做一个微商网红？无疑需要一些条件。

条件一：是一个超级买手

想当网红，没有毒辣的眼光和风格，是不可能的。其实现在有许多网红都不算是美女，但是她们具有独到的眼光和风格，就算她们的容貌不出众，穿衣风格、搭配风格受到一致好评，才能当上网红。说白了，微商网红必须是一个超级买手。

第一，微商超级买手的素质专业详解。

所谓的买手，按照国际上的通行说法是，往返于世界各地，常常关注各种信息，掌握大批量的信息和定单，不停地和各种供应商联系，并且组织一些货源，满足各种消费者不同的需求，这种人所从事的行业，最终创造出惊人的市场价值。买手必须站在时尚潮流的最前端，了解行业规范、具有货品辨别能力，在适当的时机快速出手，以低廉的价格购买他们认为适合的商品，加价出售，赚取一定利润。这是微商网红超级买手必须具备的基本素质。

因为买手对货品及市场反应非常敏感，所以要求每一个买手都应该对所购买的商品、品牌以及市场反应有高度的预见性。知道在什么时间、什么价位购入哪些商品，然后在什么时间、采用什么方式、以什么价格将这些商品卖出去。这需要非常了解市场，对这个行业的运作非常熟练，对什么样的货品会有良好的回报胸有成竹。所以，一个优秀的买手一定是这个行业的专家。

另外，作为一个优秀的买手还要时刻了解市场、常常深入市场了解第一手的信息资料，进行分析、预测。随时关注市场动向和变化，调整自己的购买方针。优秀的买手具备这样的共性：时刻关注时尚信息，对潮流有敏锐的"嗅觉"；有设计天赋，具备一定的专业素质，能迅速而准确地挖掘时尚热点；能承受高强度的工作，频繁奔波于世界各地，挑选货品，擅长商务谈判和人际沟通。

想要成为一名时尚买手，必须做到以下几点：是时尚的忠实实践者；对流行趋势具有敏锐的洞察力、超前的预测力以及准确的判断力；良好的沟通能力，与生俱来的好奇心与勇于探究的意识；懂一两门外语；了解产品款式的设计理念，面料功能，辅料制作工艺；精通产品搭配，掌握陈列技巧、展示方式等。

第二，超级买手的三大方法论。

要想做一个超级买手，必须要把握这三点：产品、服务和用户，如表2-1所示。

表2-1 超级买手的三大方法论

方法	实施要领
坚持产品为王	产品质量不行，营销做得再好也是忽悠。在选产品的时候要考虑两个因素：一是产品的空间利润；二是产品的营销成本，好不好卖。如果这两者都没问题的话，再考虑转化率和复购率
做好溢价服务	服务是根基，这个服务主要体现在产品溢价上，通俗一点讲就是怎么把你的产品包装得有故事、有情怀，让用户为你的故事和情怀买单。哪怕这份情怀高于产品价格本身
管理好用户	微商的很多买卖都是一锤子买卖，很难做到用户沉淀，也没有CRM的客户关系管理，客户分层归类更无从谈起。但是要想做一名好的微商，这些细节性的东西必须一步步去做，粉丝都是通过"1+1"的形式累积起来的。哪怕你只有一个粉丝，只要你有口碑，就会产生裂变式的效应。管理用户切忌急功近利

条件二：必须懂社交互动

在互联网时代，网红的成功过程就是互联网塑造明星的过程，即利用互联网打造个人品牌,以实现所谓的屌丝逆袭。因此,做一个成功的微商网红,就必须懂得社交互动。用网红的姿态与手段,营造出属于自己和产品的特色,这是网红的必备要素。

第一,通过社交互动,实现自我塑造。

从网红与粉丝的社交互动机制上来说,网红应该是特定内容制造者,特定内容的累积自然引起社交行为的进行。发生在内容创造者与其用户之间的信息流动过程,用户的需求和内容创造者的分享传授之间的经验攻略交换,使内容创造者的内涵得以发力,服务于其关注者即粉丝,而粉丝从内容创造者处获得经验知识,最后成为内容创造者的追随者。

内容创造者通过持续创造无数内容以延续与粉丝的社交,通过在社交网络圈向粉丝展示自我,展示日常生活、穿衣打扮、美白瘦身等经验心得,一览无余地向粉丝展示自身形象;并时不时地在社交圈倾吐心声,真真正正融入和粉丝的社交,和粉丝打成一片,从而获得自己与粉丝的彼此信任。这是一个由提供知识分享到感情连接,再到升温的过程。所以,社交这一层是内容创造者与粉丝从信息连接变为心灵导师或者意见领袖或者感情连接的一个过程,是高度互动、高度连接的阶段,是质的升级。这个过程是将普通人塑造为网红的最根本最核心的步骤,也是一个微商网红成功塑造自我的必经之路。

第二,淘宝网红店铺如何增强粉丝互动性。

网红们的店铺成长路径看上去颇为相似:以一位年轻貌美的时尚达人为形象代表,以红人的品位和眼光为主导,进行选款和视觉推广,在社交媒体上聚集人气，并与粉丝密切互动，依托庞大的粉丝群体进行定向营销，从而将十万级、百万级粉丝的热情转化为购买力。但显然，并不是颜值高、擅长自拍并传播照片就能成为网络红人，而只会营销自己不能将人气变现也成不了气候。网红并不仅是"刷脸"那么简单。网红发的每条微博都是经过深思熟虑的，以增强粉丝互动性。

网红的显性特点是有颜值、个性、品位等个人魅力，有快时尚运作能力，能将时尚与自身日常生活结合起来，有亲和力，善于与粉丝互动。网红店铺的供应链也更加柔性，常规的淘宝店铺流程为"上新—平销—折扣"，但网红店铺则是"选款—粉丝互动、改款—上新、预售—平售—折扣"。比如赵大喜在淘宝开店后，每天要花大量精力在微博上跟用户互动，推出样衣和美照，聆听用户们的评论反馈，挑选受欢迎的款式打版，投产后正式在淘宝店上架。这种更为柔性的供应链的好处就在于，选款能力强，测款成本低，C2M 模式将成为可能，这代表着 DT 时代的运营方式。

淘宝网服饰类运营的一位负责人指出，网红在销售后台也需要实时了解粉丝的喜好。比如，通过发现哪张图片导入了更多流量，再结合流量灌入后的动作变化及购买的转化情况，就能让网红在社交媒体上更加精准地定位，便于优化推广投入。

条件三：能拍出好图片

图片对于网红来说很关键，好图片可直接带来销量，差图片可让用户直接掉头离开。一旦图片搞定后，还有自己的特点和认知在里面，那么自然而然离网红会越来越近。

现在用手机拍图片很普遍，但作为网红应该更专业，专业性要求使用专业的拍摄器材，这方面比较实用的是数码相机。但在使用过程中，有不少人调为全自动模式，然后乱拍一通，已不知好照片为何物？下面为大家归纳摄影六大元素并逐一分析，扼要告诉你拍出好图片的要诀。

第一，光线。

常言道，摄影是光影的艺术，有光才有影，姑且勿论是否能称为艺术，最起码我们在拍摄时首要顾虑的就是光，要看"光"使舵，有时为了更好地表达内容，就算是要守候最佳的光线来临也是有必要的。除了"守光"，其实拍摄者也可以主动出击，包括控制人工光源来拍摄，如闪光灯拍摄，这在网红店铺里较常见到。所以能主动地适应现场的光线，并找出最合适的光照位置更加重要，所以拍摄者一定要懂得看光。

光线主要可分光质和光向。光质主要有软硬之分，软的有柔和的气氛，给人舒服的感觉，硬的则明暗对比大，影子会较深，可强化画面的力度。软的光多是靠反射和透射后的光射，如从窗外渗进的散射光，而硬的光多是集中的强烈光源，如烈日、闪光灯、射灯。光向即光的不同方向会影响人们欣赏影像，甚至可左右大局，如用正午阳光来拍人像易令人面有黑影，应避免。而摄影上较多使用斜射或侧向的照明，这有助于勾勒出景物或主体，是在二维画面上营造立体感的要素。当然还有创作常用的背光，剪影也是由此衍生而来。

第二，曝光。

除光质和光向外，还有光的量，这本来靠快门和光圈调节就能完全掌握，没什么大不了。控制准确曝光当然不难，何况现今相机的测光系统已很先进，加上数码相机可以拍摄后实时重看，要调整合适光量一点不难。

但曝光的控制其实一样可以左右照片的效果，明与暗有时要切合气氛，适当控制曝光，可让影像出现戏剧性的变化。就算是同一曝光度，快门也可以有快有慢，快的快门凝结高速，但慢的快门可以将动态展现，这就是光量以外，曝光可做的大事情，曝光得宜才称得上是懂摄影。

第三，瞬间。

摄影界称誉多年的"决定性瞬间"，由世界著名的人文摄影家布列松提出以来，一直是认真拍摄者所追求的"金科玉律"，希望能如这一代宗师一样，以猎摄的手法把重要的瞬间凝固下来，让静态的影像说出动人故事，这就是一般人所理解的时机，放诸四海皆准，人像、风景、运动、街头猎摄等均适用。

决定性瞬间就是故事的高潮，常言道"机会只有一次"，拍摄者应把握每个拍摄时机，相机时刻挂在胸口，提升对事物的观察能力，机不可失，更要锲而不舍地移步换景，才能做到。那些吸引人的作品影像，时机把握都够准，令人更易"阅读"，而且可以看出故事。

第四，色彩。

对颜色的感应是人与生俱来的，视力正常的人也对色彩都很敏感，更不要说真正的拍摄者了。别以为拍黑白就不用色彩，其实黑白的色调一样受现实颜色所影响，最有趣和最玄妙的事情是，色就是光，不同波长的光产生不同的颜色，因为对象反射不同的光波，也形成不同的颜色，光也是色。

若想单纯拍一张吸引人的影像，如风景，其实色彩大可尽情奔放，用高一点饱和度是无妨的。色彩可以改变影像的气氛，比如，蓝给人以冷的感觉，黄、红给人以暖的感觉，等等。所以网红能否把握好影像来经营店铺，很大程度也看他如何处理色彩！

第五，构图。

构图是摄影的基本功，不能不学，但也有一些摄影派别不太拘泥于构图，就如 Lomo，但那只是更随意的拍摄风格，不能说完全没构图，好看的影像定会有构图的痕迹。构图也是绘画艺术的基础，图不构不成，否则美观性会成疑问。

仔细讲构图，一样可以长篇大论，但无论中外，定会基于 1/3 构图作为入门，其实那是从"黄金分割"中演变出来的构图技法，简单说就是把画面的长和阔各分 3 等份，画成一个"井"字，只要把主体置于那些相交点，又或者将画面分成 1/3、2/3 来处理，便令影像自然多了一些"重量"，处理得宜也能引导观者理解你想强调的部分。当然，还有各种利用几何、线条、形状、重复甚至光暗、色彩等的构图技法，大家可以再深入研究。

第六，主体。

在众多失败例子中，最多的问题来自"语意不清"的影像。就像写文章，影像其实就和我们的文字一样，有着传播信息的作用，如果"写"的时候不加注意甚至乱写，不把重要的东西安放在重要的位置，又或者有过多混乱的信息，就会使人"读"起来吃力，甚至不能理解，那当然令图片失去观看的价值了。

对初学者，就算不考虑光、曝光、色彩、瞬间、构图，也要找个主体来拍，拍一个人就好好地拍一个人，拍一杯水就拍一杯水，千万不要三心二意，造成主体影像模糊，或者被其他实物侵占图片空间而致使主体不突出。

除了找出主体作为拍摄对象可以令画面有内容外，如何描述一个故事很重要，这是进阶一点的技巧。比如一家人在吃雪糕，从正面拍时，内容很清楚，一旦从另一个角度拍，碰巧他们都对同一方向的事物注视起来，又变得有趣，究竟哪一个好些，这没有答案，但起码两者都有可以考虑的内容因素。

条件四：网红需要供应链

网红都有一套各自运营粉丝的武林秘籍，无论是接地气也好，高大上也好，总归都是为了积累人气。微博、微信等社交网络媒体扩大了这种能力。所以，网红想要卖货赚点小钱，总会有一群粉丝心甘情愿买单。但是要想把小生意做成国际贸易，难度不小。比如，如何管理好供应链问题就不是上网发自拍能解决的事情。想做网红，供应链就不能出现问题。网红需要供应链团队，能解决供货、生产、库存、销售等问题。

第一，网红供应链的价值。

网红店主的成长路径颇为相似：本人大多是时尚达人，以自己的品位和眼光为主导，进行服饰选款和视觉推广；通过社交媒体聚集人气后，再依托粉丝群体定向营销，将粉丝关注转化为购买力。从 2015 年开始，淘宝红人店铺逐渐显示出清晰的商业模式，但短板同样明显：缺乏供应链支持、团队管理不规范、粉丝经济过于单一。

网红供应链充分发挥各主体的比较优势，竞争能力突出。网红供应链的核心竞争力体现在三个方面：其一，社交领域的"吸引流量—转化流量"比淘宝站内的"购买流量—转化流量"更能有效变现；其二，网红模式为产品细节和备货决策带来了信息增量，细节的改进有利于客户体验的增强，备货量的预测可以尽可能降低库存风险，形成柔性供应链；其三，网红所代理或自创的品牌大部分为重度垂直、长尾领域的非标准化产品，附加值较高。

弥补网红供应链中端、后端短板，存在结构性开发机会。网红在中端、前端缺乏运维能力，催生了专业的网红孵化器和专业的分销平台，重资产模式下以"如涵电商"为代表，"达人通"则为网红变现提供了轻资产模式变现通路。但是重资产模式下缺乏有实力的供应链整合服务商，随着网红资源的持续挖掘，规模扩大、品类扩张带来资源整合瓶颈，尤其在原创产品设计、原料采购、供应商快速反应方面缺乏高效整合。

供应链应具有快速反应能力，制造业上下游整合能力的服务平台嫁接网红模式将享受流量红利，带来持续发展增量。供应链后端制造产业链需整合，相关企业生存机遇。

第二，网红供应链各方的努力。

在网红经济渐渐兴起之时，淘宝平台上逐渐出现以莉家和榴莲家为代表的专业网红孵化公司。未来，淘宝平台将加大力度支持网红店铺的运营，包括提供精准的流量、基于阿里 DT 的消费者研究的个性化引用、数据跨平台的互通、红人活动以及提供优质的供应链。通过整套活动运营，打造网红经济的良性生态。

现实中，很多网店在供应链上吃了不少亏，于是，他们开始筹办自己的工厂并投入生产，以期在供应链上提高效率。

网红店主赵大喜直言："供应链是摆在每个网络红人面前的一道难题，也是圈子里公认最烦琐最心累的环节。""大喜自制"是网红赵大喜和老公赵岩一起开的淘宝店，大喜是模特，赵岩是摄影。他们有一套高效流程：出样衣拍美照，粉丝评论反馈，挑选受欢迎的款式打版，正式上架淘宝店。在有现成面料的情况下，这个周期只需要一个星期左右，但由于供应链的问题，交货周期经常延后。

陈小颖的店铺 Jupiter 也面临着原材料价格高以及人工成本高的双重压力，由于产品多为欧洲宫廷风格，很多原材料都从欧洲进口，加上关税，原材料价格就颇高。加之产品是私人定制，大量剪裁缝补工作的人工成本基本在 5000 元左右，做得好的师傅日工资甚至过万元。"我们也在思考，未来是否可以让流水线的代工厂来做，但从上海周边的这几家工厂情况来看不太理想。流水线作业很难达到我们私人定制服装的产品要求，这是我们目前最为烦恼的问题。"谈及"网红店主"的生命周期，陈小颖则表示，这些短板都是需要通过不断学习来克服的。"我会坚持以设计作为自己的核心竞争力，打造属于自己的品牌。设计和品牌影响力是最重要的部分，这也是我们一直追求和坚持的信念。"

供应链是网红经济最大短板！谁能解决网红的供应链，谁将成为亿万富翁！从这个意义上讲，赵大喜、陈小颖这一类网红店主的努力是值得肯定的，也是值得推广的。

条件五：网红要高效吸引粉丝

想成为网红，粉丝越多越好，那么如何高效吸引粉丝呢？利用当下各大社交平台，运用自己的一些手段和法则，才会离成为网红更近一步。

第一，新手微商网红增粉的技巧。

对于新手微商网红而言，扩展自己的个人空间，增加粉丝数量是一件极其重要的事情。那么，微商网红该如何增粉呢？在开始寻找增粉的方法之前，需要先想清楚自身的优势和资源积累。结合自身的情况去尝试引流增粉会更加高效。

你可以回忆一下以前玩过哪些社交软件和工具，先结合自身的兴趣爱好去做一些推广。比如张三经常泡论坛，就可以学习一些论坛引流的技巧；李四经常玩 QQ 空间，就可以学习一些 QQ 空间的增粉方法；王五喜欢玩陌陌，就可以学习一些陌陌增粉的推广技巧等。在社交软件和工具这一个领域，微商网红可以选择引流增粉的地方还是很多的。主流的几个软件和社区包括百度贴吧、新浪微博、陌陌、QQ 空间、天涯社区、豆瓣以及微信本身。

除了结合自身的社交爱好外，微商网红还可以借用自身的资源。最简单的方法就是导入自身的 QQ 好友以及通讯录好友，这是每个人或多或少都会有的积累资源。当然，如果你身处一个大公司或者兴趣爱好组织，你也可以把公司内部的同事和协会里面的朋友导入自己的微信号里。这些都是可以快速完成的方法。

可能有些人以前不逛论坛，也不玩微博，还没有专注积累 QQ 好友和通讯录好友。进入微商网红行业以后，就是从零开始，这个时候也有方法可以增粉。增粉的方式多种多样，那么，新手微商网红增粉需要注意哪些技巧呢？如表 2 - 2 所示。

表 2 - 2　新手微商网红增粉的技巧

技巧	操作要领
刷脸增粉	"颜"一向是网红们的圈粉利器，而晒自拍也成为大多数网红的第一步，当然，如果有团队推手助力，就最好不过
段子增粉	有的网红天生就是段子手，靠着或诙谐或犀利的语言风格，在微博以及各大论坛都能圈住一批死忠粉

技巧	操作要领
学识增粉	随着知乎等平台越来越被大众所使用，一群依靠帮网友解答疑问的"知青"迅速成为在一定圈子内颇具知名度的红人
分享增粉	在美妆与服饰类网红店铺中较为常见，这类网红在初期都会通过社交网络分享自己的日常搭配或者护肤心得，从而在网上吸引第一批粉丝；当然，目前也存在不少每天分享幽默段子或者时事新闻而矗立于互联网的网红
曝光增粉	这是最为"简单粗暴"的方法，现在各个 APP、视频网站甚至是卫视，都有大量"真人秀"式直播频道，而目前通过这种曝光渠道成长起来的网红数量不少
平台增粉	先多尝试一些主流的增粉方法。你可以在 QQ 空间、QQ 签名上发布你的微信号，并且隔段时间就宣传一下你的微信号。接着，根据你的产品特性加入不同的 QQ 群。然后可以尝试着在 QQ 邮箱漂流瓶和微信漂流瓶推广自己的微信号
免费增粉	舍得孩子才能套到狼。你把产品送给一些在微信或 QQ 上有一定影响力的朋友体验，请他帮你分享，这样就可以起到宣传产品的效果，还可以帮你增加好友
圈子增粉	多混圈子，加一些微信群，听一些培训课。很多新手微商网红都认为加同行是没有意义的，你如果这样认为就大错特错了。在你刚入行时，一定要多加一些同行，向他们学习才能更快地成长和进步。要想加入他们，最快的方法就是加入一些微阔培训的 QQ 群和微信群

第二，微商网红增粉四大奇招。

上述简单的方法能帮新手快速地加到一批人，但这是远远不够的。除了这些基础的技巧，微商网红还需要掌握这四大奇招，才能实现完美增粉。

第一招：O2O 引流术。

先来看一个"面膜大叔"的故事：

"面膜大叔"是一个在微信卖面膜的人，他需要大量精准的女性粉丝，于是就找到一个经常给写字楼送外卖的小哥，然后与他商量："你送外卖的时候，如果是女士订餐，麻烦你赠送她一张我们的面膜，并要求她扫描微信二维码加我为好友。"第一天测试，送出去200多张面膜，就有150多人加"面膜大叔"为好友，而且都是精准的粉丝。测试有效后，"面膜大叔"继续使用这种方法，后来又与写字楼附近的肯德基、麦当劳还有一些送盒饭的快餐店合作。一个月，他就积累了5万的粉丝。

该怎么运用这5万的粉丝呢？怎么把自己的面膜卖给这5万的粉丝？为了增加自己的名气和信任度，"面膜大叔"每天与粉丝互动，通过观察把活跃的粉丝拉到一个独立的微信群里，每天交流护肤经验，不定期送红包，慢慢培养感情。预热了一个月，他觉得火候差不多了，就开始向微信群里的人推荐自己的面膜，第一天，他就轻松卖出了1万多片面膜。

"面膜大叔"做的就是线上与线下之间的O2O引流，并且取得了成功！

第二招：明星流量拦截术。

通过搜索引擎去拦截明星的粉丝，如通过百度、腾讯QQ搜索、微博搜索等方式去拦截他们的粉丝，让他们的粉丝把你当成他们喜欢的好声音学员。

《中国好声音》的收视率之所以火爆，这里面有个很好的引流方法。《中国好声音》有很多学员都因为这个节目的播放而名气大增。其中有一个最直观的表现是：他们的微博粉丝数、QQ空间粉丝数、微信粉丝数等都会大量增长。

假如对《中国好声音》的明星流量进行拦截，具体怎么操作呢？一是搜集名单。每期《中国好声音》播放前，在互联网上都有大量吐槽，好声音学员的名字会提前被曝光，你要做的就是搜集这些好声音名单。二是快速注册。用这些好声音学员的名字注册账号，比如用他们的名字注册微信、QQ、微博、人人网账号。三是快速导流。等粉丝数足够了，就可以把这些粉丝导到你想要导的地方去了。

第三招：借力百度热词引流术。

打开百度风云榜，寻找热门关键词。从排行榜上我们就知道哪些关键词在百度上被搜索的次数较多，网民搜索次数较多的关键词就叫"热词"，比如"陈赫离婚"、"奶茶刘强东亲密同游"、"微阔微商网红免费推广"等。然后，结合"热词"发软文（将自己的产品广告与关键词融合），比如你是卖化妆品的，你就可以在各大门户网站、论坛等（只要能发文章的地方）发表你的软文广告，你的文章标题可以是"陈赫离婚，只因为老婆没用某某牌面霜"，这样，很多人搜索"陈赫离婚"就很可能看到你发的广告了。

第四招：续集电视节目引流术。

所谓续集电视节目，就是那种一集、两集、三集隔段时间连续播放的电视节目，比如《盗墓笔记》、《我是歌手》等续集电视节目。

怎样借助续集电视剧帮我们引流呢？操作方法是：打开优酷指数，选一个最近正在热播的电视剧或电视节目，要符合两个条件：一是续集，二是没有更新完。为什么要符合这两个条件？拿电视剧《花千骨》作个例子——在这部剧还没有更新完时，该集的搜索量自然不低，那么这意味着什么呢？只要你在网络上发的帖子和广告中带有关键词"花千骨全集"（这个关键词一定有很多人搜索），特别是标题上融入了这个关键词，在一定时期内，做得好的话，你的流量将会快速增长。

条件六：懂得网络推广

很多人认为在微信朋友圈卖货的人就称之为微商，其实不是这样的。现在对于微商还没有一个明确的定义，不过，我们大致可以这样理解，现在是移动互联网时代，只要利用手机上的任何一个平台来卖货的商家我们都称为微商。在微信诞生之前，有过火热的微博营销，这一类人也可以称之为微商。既然这样，作为微商网红就不能把产品销售局限在微信朋友圈，我们应该利用多种渠道来打开客源市场。

第一，善用推广平台。

我们都知道，不管是社交软件还是社区论坛，都充满了各种人流群体，有人的地方就有生意做。凡是有人的地方你都可以去宣传推广自己的产品。那么下面我们看看，还有哪些地方既可以卖货，又可以推广，如表 2 - 3 所示。

表2-3 微商网红可以利用的推广平台与推广方法

平台	平台基本介绍与操作要领
陌陌留言板	陌陌留言板和微信朋友圈都是互动分享的地方,也都是针对附近人群的。既然陌陌人气旺,在那里宣传产品效果肯定不错。通过陌陌留言板做推广,先要明白一点,微商的用户是哪里的? 有的是针对本地的,有的是针对全国的。而陌陌留言板只针对本地用户,也有可能是你的亲戚朋友。所以产品质量一定要过关,不能欺骗本地用户
QQ空间	QQ空间算是微商很好的一个卖货平台,大家只需要加上客户的QQ号,然后在QQ空间发布产品就可以了,非常方便。QQ可以作为一个联系方式,而QQ空间可以作为一个发布产品的平台,大家要利用好。QQ号可以说只要会上网的人都有一个,而且我们都已经习惯了QQ空间中的广告,也不会反感。而微信朋友圈就不一样了,QQ空间你想怎么发布产品都没有问题。另外,利用QQ群进行推广宣传也是一种很好的推广方式,很多QQ群里面有好几千人,你只需要多加些QQ群,进群互动宣传,也可以上传群文件来宣传,这都是很好的推广方法
来往软件	来往是马云搞的一个手机社交软件,当时是想超越微信的。虽然来往打击广告非常严格,可是细心观察你会发现,好多人都是在推广自己的淘宝店铺。来往可以自己弄一些美女图片,晒美照等都有很多人看的。而且来往上多是淘宝的卖家和买家,在这个地方适合做全国产品的微商。而且,在来往的个人中心还可以发布产品,像QQ空间一样,只是要小心被举报
美拍	美拍虽然成立的时间不长,却已经成为了微视频的龙头老大。玩美拍的用户非常多,有一些搞笑、娱乐、音乐类的微视频非常好玩。其实不管玩什么都是为了营销,所以大家也要知道一些平台应该如何营销。比如美拍,可以弄头像、昵称,拍一些产品的视频,也可以弄一些搞笑类视频吸引用户关注,总之方法是很多的
微博	微博现在已经有了手机客户端,用起来也是非常方便。另外,利用博客平台来做自媒体营销也能很好地达到推广的目的,比如新浪博客在百度的权重是非常高的,如果坚持每天更新优质的博文,你的文章被百度收录以后就可以被很多精准客户搜索到,从而找到你。还可以利用微博的一些推广互粉功能增加微博粉丝,提高产品曝光率,增加目标客源

其实,可供微商网红卖货的平台有很多,除过前文讲到的,还有人人网、开心网等。微商网红卖货不是那么简单,也相当于电子商务,需要学会一些

网络推广的方法，然后综合起来推广你的产品才行。网络推广就是把产品在网络上推广出去，让更多人看到的技巧。

第二，淘宝网店推广最实用的 10 个方法。

无论你的淘宝网店做得如何完美，商品再物美价廉，如果不做推广提高知名度，这个网上商店只能说是做给自己看的，它存在的意义就大为逊色了。可如何推广，如何提升自己网店的访问量，并且能够吸引客户的眼球？表 2 - 4 是淘宝网店推广最实用的 10 个方法。

表 2 - 4 微商网红淘宝网店推广方法

推广方法	操作要领
网店的建设与宣传	网店在建好前必须有好的定位，要有自己的特色产品，有竞争优势，取一个有特色的名字，买家才能更好地记住你的网店。网店产品类别要清楚明了，买家才能更好地找到和选择商品，做好相关友情链接
网店装修设计宣传	在现实中，装修设计好的实体店，顾客就比较多。开网店也一样，要结合网店的特色风格进行设计和宣传
在线客服的服务	顾客买东西，很有可能要向你咨询，网店上要旺旺、手机、QQ 同时在线，方便客户迅速联系到你。做好售前、售中、售后服务，可以吸引新的买家，老用户以后也会常来
提高信用的等级	对于刚建立的网店，可能没有人关注，没有信用，淘宝网要多开展一些促销，或以成本价多卖一些东西，也可以利用一些小产品开展促销。买家在选择这些产品的时候，也会关注店里的其他商品，可以多赚一些人气和信用
关键词的优化	大家买东西时，开始都是搜索相关的产品，因此在设置产品名称的时候，多用大家比较常用的关键词，可以让买家多次搜索到你的店和产品；或是最低价和特惠等词，对商品的描述尽可能详细
签名的推广	QQ 签名可以及时发促销信息，在论坛的签名可以带动相关网店图片进行宣传。这也是不错的网店推广方法

续表

推广方法	操作要领
资料的推广	如果你的网店经营某产品，可以写这方面的产品资料和小常识，在文中可以加上自己的网店地址，也可以在签名里面设置进行宣传
博客论坛宣传	开设专业的博客，写与自己的产品相关的文章，在一些和自己产品目标对象相关的论坛进行宣传
分析自己网店的买家	根据已往的买家，分析这些客户的特点，如他们的年纪、职业、年龄、爱好等，可以在他们常去的论坛和地方进行相对应的宣传，根据买家不同的特点进行宣传推广
促销宣传	利用好每个节日做好促销和宣传。每个节日都有大量与节日相关的搜索，可以利用节日展开促销活动，这样会给大家带来更多的客户。还有就是在每次发货的时候，附带一些个人名片或宣传的资料

很多推广的方法都是需要坚持一段时间才能见效果的，没有立马就有效果的推广方法。所以，做推广切记不要急躁，如果一种推广做了一天、两天或者数日都不见效果，然后就放弃了，那你的店铺怎么可以做得好呢？开网店，思想先要摆正，应该这样想：我今天做了一天，或者做了几天，都没有效果，是不是我哪些地方做得不够好，或者我是不是可以做得更好。只要抱着这样的心态，努力去做，你的店铺离成功就不会太远。

第三章　析路径：要做网络红人，需走六个步骤

分析网络红人的成功路径，可以总结为六个步骤：培养自己的个人气质；想好一个未来可能成为网红的名字；拥有属于自己的个人网站；尽量写些与众不同的文章；拍摄创意视频进行传播；宣传自己，形成病毒式营销。凡事都有可能，就看你怎么坚持走下去，等待一鸣惊人的那天。

第一步：培养自己的个人气质

气质，对网红来说尤为重要，因此培养气质应该是成为网红的第一步。网红中有一类是靠特长走红的"气质派"。气质网红不靠脸蛋，不靠身材，依靠的是在某个细分领域的深厚积累，往往是拥有过人才华，拥有特长的这一类人。比如咪蒙，比如关八的马睿，不管他们愿不愿意，都已被受众看作是网红。像 papi 酱就属于气质网红，她不是靠颜值取胜，而是靠幽默讽刺、

犀利解构获得大量的关注。最近引起关注的淘宝头条上的红人们，基本上也属于这一类，如篮球、钓鱼的爱好者或达人成为这一波红利的宠儿。还有数量庞大的具有强烈个人风格色彩的自媒体人们，也可以归为这一类。

第一，气质网红的特长。

2015 年 12 月 15 日，《咬文嚼字》杂志在官方微博中公布"2015 年十大流行语"，"获得感"、"互联网＋"、"颜值"、"宝宝"、"创客"、"脑洞大开"、"任性"、"剁手党"、"网红"、"主要看气质"上榜。

其中的"主要看气质"，意思是不要太看重外在形式，内在气质才是决定因素。此语在 2015 年末突然蹿红，成为一个强势流行语。起因是中国台湾地区女歌手王心凌为了配合新专辑的发行，在微博上发布了一张吃汉堡的宣传照。网友纷纷留言评论，有人说品位不高，甚至说没文化。但王心凌却在互动中回复："主！要！看！气！质！"这则留言立马获得广大网友点赞，被大量转发，火速引爆网络媒体。有人说，在过分追求"颜值"的时代，"主要看气质"的流行蕴含着"正能量"。

其实，网红的气质是独特的信念，因为生活是自己的，自己的物质、情感都得自己做主。气质网红如果喜欢动漫周边，那就每一个系列都买，不用考虑太烧钱；气质网红如果喜欢地中海风格的家，那就花钱装修，家里所有的小物件都一水儿的海洋蓝、云朵白……

第二，拥有气质，进对圈子很重要。

想达到气质网红的级别，最重要的是进入对的圈子。怎么样才能让自己变得时尚呢？微博上流传深远的"女性必看电影"系列之一的时尚大片《穿普拉达的女王》告诉大家一个最重要的道理就是：只有在对的环境里，有对的时尚顾问，你才能变得时尚起来。

电影里的女主角安妮·海瑟薇在来时尚杂志工作之前跟时尚完全不沾边，简直就是时尚杂志里面穿搭教程的反面活教材。她穿着天蓝色毛衣，她的老板很鄙视地说，这种蓝是被淘汰在时尚圈外面的蓝；她穿着复古的半身裙，同事吐槽她，你是从20年前穿越来的吧；午餐时间喝了个玉米浓汤，她的光头同事就说，你都胖成这样了还喝这种高热量的东西……整天被同事吐槽、被老板异样的眼光打量，安妮·海瑟薇终于决定要改头换面。

这就是环境的力量！在传播学里就叫作群体压力，当身边的群体都这么时尚的时候，你也不得不迫于压力跟着变得时尚。

想达到气质网红级别，在通往时尚的路上，身边要有时尚顾问。如果你长期跟时尚达人在一起，你只要稍微一两次不注意打扮，就会在这些时尚达人面前瞬间变成土鳖，土鳖很多时候都是被对比出来的。

在时尚的圈子里，身边的环境是这样的：这个圈子的大部分人都可以成为你的时尚顾问，天天都有人给你普及各种世界大牌，连带这些大牌的附属品牌以及它们在欧美、亚洲、北美不同市场的报价。除了这些高大上的品牌讨论，还会时不时交流下接地气的穿搭、美肤心得，以及用什么自拍和P图软件让你的朋友圈看起来更时尚。朋友变成了不只是一群只会聊八卦的小团体，只会喝下午茶、自拍的达人，他们还是强大的时尚顾问团，在时尚的圈子里待久了，你的时尚敏锐度和时尚品位都会有所提高。如果把这些能力拿到微博或者公众号来分享，分分钟你就是网红！

第二步：为未来可能成为网红想好一个名字

这世界上满是拼命想红的人，但能不能红起来取决于很多因素，但是有一点，红起来需要先有个好名字。

一位漂亮的少妇在饭店洗碗，大家都叫她洗碗阿姨，她嫌不好听，给自己取了个名字叫"瓷洗太后"，结果一传十，十传百，几乎家喻户晓，很多人到饭店吃饭，就是为了看看这位漂亮有个性的女人。隔壁补车胎的师傅见了，也任性了一把，给自己取了个名字"拿破轮"。电焊工受到了启发取名"焊武帝"。这天"焊武帝"去隔壁的糖果店炫耀，糖果店老板拉着他看了看自己的店名"糖太宗"，电焊工沉默了。不远处切糕店的老板跑出来指了指自己的店名"汉糕祖"，二人一起沉默。这时，一个掏粪工骑着拉粪车从两人面前经过，拉粪车上赫然写着3个大字"擒屎皇"，集体沉默……

当然这是一个搞笑的段子，但也说明了一个问题：如果段子中的几个人没有给自己取新名字，人们很难记住，但恰恰因为有了奇特的名字，才给人留下了深刻的印象。其实在现实中，因名字而走红的例子不在少数，而且这种情况 N 年前就出现了。下面是一个不算久远的真实故事。

1902 年的秋天，美国第 26 任总统西奥多·罗斯福在密西西比河附近一带打猎，却没有任何收获，同行的人员为了安慰总统，便将一只小黑熊绑在树上让总统射杀，但西奥多·罗斯福总统一看见小黑熊可爱又惹人怜的样子，便不忍心将它杀害，说"这不是一场公平的竞争"，并当场发誓从此不再猎杀黑熊。美国知名画家把此事画成明信片刊载在邮报上，于是，总统拒杀小黑熊通过明信片成为美谈，西奥多·罗斯福总统自然受到美国人民的尊敬和爱戴，也引发一股热爱熊熊的风潮。

纽约布鲁克林区开杂货铺的俄裔米德姆夫妇受明信片的启发，于 1903 年开始制作四肢可以转动的毛绒熊，并以西奥多·罗斯福总统的小名"Teddy"为名，称小熊为"Teddy Bear"，然后把小熊和明信片一起放在自己的橱窗作装饰。出乎意料的是，每一只刚做好放在橱窗里展示的小熊都和明信片很快便被一起买走，连替换的新熊都来不及做，让他们应接不暇。米德姆夫妇写了一封信给西奥多·罗斯福总统，问是否可以用他的小名"泰迪"为小熊命名。总统回信说："我不知道我的名字对你的事业有什么用途，也不觉得这有什么特别的意义，但是我欢迎你使用我的名字。"于是，这个绒毛玩具熊被正式命名为"泰迪熊"，米德姆成立了美国第一个制造泰迪熊的玩具公司——创意玩具公司，这就是美国版泰迪熊的由来。

一个故事催生了一个名字，一个名字促成了泰迪熊的奇迹。要走红，先取名，这恐怕是个"通则"。通则也适用于网红，想红同样要先起个好名字。

其实，为未来可能成为网红想一个好名字，这本身就是一种很好的自我营销。虽说是个看脸的世界，但有时候，名字够好的话，长什么样都无所谓。

第一，取名字的原则。

取个好名字，必须遵循四个原则，如表3－1所示。

表3－1　网红取名须遵循的原则

原　则	含　义
可以引爆营销	名字好是引爆自传播的关键和基础，特别是新手网红早期无推广预算的情况下，取个好名字可以降低传播成本。降低传播成本其实包括两个方面：一是降低认知成本，就是一眼要看懂；二是降低扩散成本，就是看一眼就记住，而且乐于介绍给别人
利于发散思维	好的名字利于发散思维，比如广告新媒体营销公司"你说的都对，我们再想想"，后续把他们CEO包装成了"大队长"，名片是三道杠的设计，做"你说的都对"的微信表情、闭嘴的口罩等
让人产生联想	好名字＝心理暗示营销＝告诉你我是好品牌、好产品。比如，看到"一朵棉花"这个名字会不会立刻让你有一种文艺、柔软、舒适、温暖的感觉？也能让你联想到跟棉相关的产品，如床品、毛巾、卫生巾等。仅仅四个字，就能直接传达出业务范围是全棉制品，更能传达出想推崇温暖、舒适、高品质的品牌调性以便于更好地连接目标用户
不可轻易变更	如果取名字是为了改善运势，那么一定要慎重，预先考虑周详，综合各个方面的因素取名；取好后就不要随意更改，才能起到改善运势的效果。有的朋友三天两头变换名字，有时候连自己都记不得这个名字是否用过，别人就更记不住了，这样的名字，又怎么可能起到改善经营运势的作用呢？

第二，网红如何给自己取名字。

网红给自己取名字有以下几个方法可作参考，如表3－2所示。

表3-2 网红给自己取名的方法

方 法	要 领
名字要结合自己的特点	如果说名字是父母取的，不能展示自己的志向、意愿以及特点，那么这次取名字正好可以弥补这个缺憾，让你取一个自己满意的名字。取名字之前，最好先明确自己的目的，明了自己想要通过名字达到什么样的效果。之后或根据自己的爱好，或性格、或意向、或职业等，让人一看你的名字，就对你有了初步的了解
名字可结合自己想要改善的事情	有的人觉得自己的感情运势不好，有的人则想提升财运，还有的更关心自己的健康，也有的特别重视自己的事业发展等。根据自己的不同侧重点，在取名字时，有针对性地侧重，自然便可以起到事半功倍的效果
可以考虑与自己的生肖结合	不论是真名、笔名、艺名，还是名字，都要考虑和生肖结合，而不能出现与生肖相克的情形，以免对自己的运势造成不利影响
名字最好也尊重姓氏	有的朋友或许认为，名字和现实没关系，完全可以用其他姓氏。提醒大家，名字中不用姓氏则罢，如果想用姓氏，最好仍用自己原有的姓氏，也可以用母亲的姓氏，而不要随意用别的姓氏。姓氏代表着血缘的传承，被称为"远禽兽，别婚姻"的符号，有着很重要的意义，所以即便在这次取名字的时候，也要予以尊重

第三，网红如何给网店取名字。

绝大多数网红是以经营店铺的方式而存在的，这也是网红经济的主要形式。因此，网红除了给自己起名字外，还应该考虑自己的店铺，给自己的网店取名字，如表3-3所示。

表3-3　网红给网店取名的方法

方 法	要 领
简洁易识	作为一个网红的店铺，名字简洁很重要，简洁才易于识别。名字的作用就是识别不同事物的符号，这个符号必须先具有可识别性。从认知的角度来说，不可识别的名字就是一个失败的名字，很容易被淹没在信息的海洋里。而一个可识别的名字，不管是人名、地名、企业名还是品牌名，都应该具有简洁、易认、易记、直观、一目了然的特点，这样才有助于提高消费者对品牌的识别和认知能力，这是品牌最基本的价值所在
独特易记	"易记"强调名字必须让人毫不费力就能记住，"独特"则有两层含义：一是有意，二是无意。有意就是名称先天具有含义，是指名称本身具有特定的原始意义，既可表达特别的相关含义，又给人留有想象的余地。无意就是名称没有原始含义，是完全杜撰、创造出来的，因此也是独一无二的；或者本来有一定的含义，但无法从字面上简单得知，发挥与延伸的空间很大
流畅易读	名称选择流畅顺口、易发音、易读、易说的字词，可以加速网店的传播

第三步：拥有属于自己的个人网站

在微商泛滥的年代，微商的路网红在走，别人同样在走，可见竞争有多激烈。因此，网红要拥有属于自己的个人网站，可以自己建立也可以直接做个人微博空间等，坚持发布新动态，吸引别人访问你的网站等。

第一，网站的作用。

网红拥有属于自己的个人网站好处多多：

（1）微网站让网红的营销不再苍白无力。在公众号的限制下，群发的信息量有严格的要求，效果微乎其微，只能通过微信活动来增加营销方式，没有更多的信息展示总会让用户质疑。建立网站可以让网红更好地展示企业形象，网站内容更加丰富多样，无形中增加了用户之间的信任，用户还可获取企业的更多信息。

（2）随时随地展示产品资源。建网站成本不是很高，它不需要空间和备案，且占据的页面资源小，用户浏览更加快速，体验效果更佳。有了属于自己的网站，网红不用再担心所制作的满天飞的广告遭到用户的摒弃，只要在网站上就可随时上传商品，编辑产品信息，而公众号只需做好引流量的工作就足矣。

（3）目标用户定位更准确。想更深入了解产品的用户都会选择逛网站，而且他们绝大多数都是目标用户。网红只要通过公众号就可以成功吸引粉丝，也就不用再苦苦地在粉丝中寻找目标用户，锁定网站用户后稍做营销就可轻松提升转化率。

（4）为网红增加交易途径。随着手机用户的增多，手机购物越来越普遍，如果用户在浏览微信消息时正好看到自己喜欢或者需要的产品，那么就不需要再通过使用电脑登录企业网站购买商品，只要在已经商城化的网站上直接下单购买就可以了。再加上现在的微信支付接口已经开放，用户可以选择的支付方式更多。

总之，网站以更直接的方式展示了网红的魅力以及产品的推送效果，称得上是微商网红的运营资本，其商业价值则毋庸置疑。

第二，建网站三大基本要素。

网站三要素包括程序、域名和空间。如果你完成了建网站的这三个要素，基本上一个网站就完成了。

程序，就是把自己下载好的程序解压，安装到自己的根目录上。如果觉得文件多上传慢的朋友，可以把程序打包成一个 Zip 压缩包，然后直接在自己主机的后台解压，会快很多。

不会写程序可以使用很多免费软件，网上有大量免费的用来搭建网站的软件供我们使用，如果你想做论坛可以用 Discuz 程序、想做门户可以用 Dedecms 程序、想做网店可以使用 Shopex、想做博客可以用 Wordpress 等。

上传之后就到程序的安装了。这时候就要用到临时域名了，如果是 Wordpress 程序的话，后面就要（临时域名 + wp - admin/）；如果是 Dedecms 的话，后面就要（临时域名 + install/index. php），这里就不一一解说了，其他程序可以自己百度就能搜索出来。登录上去然后依次输入自己的信息。

域名，是类似手机号码一样，别人输入域名，就能来到你的网站。

可以在很多家服务商那边买到域名，价格都不一样。. com 的是几十元一年，. info 比较便宜。另外，. tk 是免费的，适合纯练习之用。买了域名后，它会给你提供一个域名管理后台。你要保存好这个域名的管理后台地址。

选择域名提供商时，要看其代理的是哪个公司提供的"域名管理系统"。一般国内万网、新网、中国频道、商务中国比较有名。如果不明确，可能存在风险。

选择 IDC 服务商时，基本考核条件有：网速、稳定性和安全设施、是否

24 小时服务、服务口碑、产品功能、空间大小、价格比。

　　另外，很多人可能会问怎么解析，如果你的域名是在万网买的，那么就上阿里云的官网，那里有一系列的域名解析方法，这里就不一一解说了。

　　空间，其实是一台电脑，只是那台电脑永久不关机专门给大家放网站。那台电脑只有主机，没有显示器，硬盘很大，内存也挺大。

　　大家天天说的买空间也就是，专门给人家存放网站的虚拟主机。购买后，要记住两个东西：一个是 Ftpip 地址的用户名和密码，上传网站时要用；另一个是虚拟主机管理后台的用户名和密码，购买、续费、设置 404 页面的地方。买好空间后，请通过 Ftp 上传网站程序到空间里。然后，在域名管理后台，域名解析里，把域名解析到网站 IP 地址。一般几个小时后，就可以访问你的网站了。

　　总之，网站建设就是这样建设出来的，当然，网站也是需要自己慢慢打理的。

第四步：尽量写些与众不同的文章

　　如果自己的文笔不错，可以不断更新自己的文字，尽量写些与众不同的文章，吸引更多人来浏览你的网站。

第一，如何写出与众不同的文章。

　　要写出与众不同的文章，不要求会背"四书五经"，饱读万卷佳书，但至少当笔落纸上时，多少能闪现点有价值的东西出来。自古文人多会写诗，现代人也不例外。所以说，在某种角度上，读书和阅历的多少，直接决定了你的写作水平。

但凡真正的自媒体网红，都有一定的文字功底。咪蒙我们不用多说，媒体编辑、作家、专栏作者，"深夜发媸"公众号的创始人徐岩徐老师，吴晓波频道公众号运营者、财经作家出身的吴晓波，资深媒体人、罗辑思维的创始者老罗等，他们善于写作，善于拿捏文字，善于用文字来表达内心的感受，让读者看完后心有所触，产生共鸣。据不完全统计，刚刚提到的四位自媒体网红中，咪蒙的文章阅读率最高，每篇文章的平均阅读人数均在 18 万左右。这是一个相当惊人的数字，一定程度上也说明，咪蒙文章的内容更具可读性，更有传播性，这也是她公众号头条广告的报价那么高的原因。

第二，原创内容要持续输出。

在互联网时代，信息碎片化及快速迭代，已逐渐变成一种固有的态势。尤其是处于自媒体时代的网红们，更是如此。或许前一刻，满屏荧幕刷的都是你的成名作品，报道你的信息，传播的是你引以为豪的代表作品之一，但是没准下一刻，某一重大事件或者新闻发生，就有可能将你成名的信息淹没。因此，一名真正的自媒体网红，在一定时间内，保持高质量文章持续输出是每天定要完成的事情。即便有一天，由于其他原因，没有办法写作，也要把原因告知关注者。在固定的时间段，推送有价值的原创文章和内容，这就是自媒体网红一直不断重复在做的事情。也许为了一篇文章，需要花费好几个小时构思、收集资料；为了把一段有价值的内容表达出来要录上几个小时，等等。

在自媒体网红的世界，想要保证不那么容易被大众忘记，就需要他们自身多做文章，多花精力，如综艺节目《喜剧人》一般，力求在内容上不断创新。

第三，文字内容创业有优势。

从能够写出与众不同的文章这个角度来看，文字内容创业实为一种可行的方式。因为文字创业有许多优势。

（1）响应快，与视频内容创作相比，文字内容创作响应快。遇到突发事件，登录相关平台发一则短消息或短评论均可，而一个视频节目的制作周期远不止这个时间。罗振宇曾经在某直播平台上直播了最新一期《罗辑思维》的拍摄，他坦言，一期拍摄时间至少是 20 个小时，还不包含后期剪辑处理等。即使是粗糙的视频，如 papi 酱这样完全靠一个人制作视频的自媒体（papi 酱说自己没有团队）基本是一周才出一个视频内容。

（2）创作门槛更低，不依赖于团队协作。与同样的视频内容相比，文字内容创业门槛则更低。只要你会"码字"，你就可以做一个内容创业者。视频内容就不一样了，视频创作更依赖于整个团队的打造和协同工作，不仅需要依靠前期的精心策划，也需要后期的编排剪辑。此外，文字内容的平台更新及审核速度也更快。

上述这些都要求网红能够写出东西。如果一个网红肚子里真有墨水，那么在这个"内容为王"的时代堪称一项制胜的本领。

第五步：拍摄创意视频进行传播

作为一个成熟的网红，如果你的拍摄技术非常有创意，就可以拍摄视频，在你的网站上进行传播。先免费观看，以吸引更多的订阅关注。影视语言也是一门语言，可以先学习一下相关知识，练习用影视语言去讲故事。如心中有话想说，通过视频讲出来会更有意思。

第一，视频主题最重要。

任何视频都需要有一个主题，创意视频是因为主题特别好、表达比较好，所以被人们津津乐道。因此，要找到自己想表达的主题，通过美拍或者电影等形式，传递给观众。

如果想不出来可以先看一下别人的创意点，根据别人的创意改编自己的故事。创意有很多种，如延迟拍摄、暂停和剪切拍摄等。所以，想做出创意的视频，先看一下大神们是怎么做的。

第二，拍什么的问题。

这年头，有一部分人最容易出名：女性；"90 后"最好，不能早于"85 后"；长相要么性感，属于那种小布尔乔亚式的矫揉造作与无病呻吟，文艺气息浓重，日系居多，这方面无须再多说。

　　为什么是这些人？这里有文化与商业两种需求：从文化角度出发，漂亮女孩谁都喜欢看，在摄影这个以男人为绝对主力的行业里，女人有先天的优势，当然女人也愿意看美女。广告模特有三宝：动物、孩子、大美妞。从商业角度出发，近几年，单反相机的整体销量平稳，但女性摄影爱好者的比例不断上升，商家逐渐重视女性市场，于是各大摄影媒体开始推出女性摄影板块，并注重女性摄影爱好者；另外她们拍的糖水片好看，厂商们喜欢这种风格，"天下熙熙，皆为利来；天下攘攘，皆为利往"，这就可以解释为什么这几年美女摄影师这一人群突然爆发。

　　曾有一个老牌摄影师使了一次坏，跟一个很有名的美女摄影师聊天，问："你知道安迪·沃霍尔过两天来北京办展吗？"女孩答道："不知道啊。"其实安迪·沃霍尔死了 N 年了，如果你也不知道此人，百度一下，如果你是吃摄影这口饭的，多看点书没坏处，至少要知道一些摄影大师，关键时刻能唬人！

　　总之你拍出来的东西得有真货。所谓有真货，就是作品真的像那么回事，能"唬住"围观群众，但是现如今能达到这一点的人越来越少，在图虫、Lofter 上的同质化现象越来越严重，不管是构图、色彩、调性、模特、姿势等，大多数人拍的就是所谓的"糖水片"。大众摄影发展到今天这个地步，作为网红，得好好想想该从什么角度杀出重围。

第三，让别人发现你的作品。

　　让别人发现你的作品是个传播问题。论坛里发作品有个好处，好的作品，即使你是新人，立马就有人围观，你以为论坛里的人个个都是高手吗？其实绝大多数都是一些半瓶子的摄影发烧友，这时候就有人评论、推荐、求教，你也热心点，告诉他们怎么拍、什么器材、感悟等，把帖子炒热。等你火了，那些编辑们闻着味就来了，要是你本身还有点故事，那就更好了，这时候编辑可能会联系你，然后把你的帖子置顶、加精，看到你帖子的人就更多了。当然，不同的网站论坛适合不同的人，你要是玩风光片，去无忌和蜂鸟，要是玩小清新，去Poco，以此类推。事实上，那些著名的摄影论坛是很多摄影媒体挖人的地方，要是"货硬"，建立合作关系是轻而易举的。

国内国际上的图片社交网站，如Flikr、500px、Lofter等，也是让别人发现你作品的好地方。那些摄影编辑们经常在这些网站上找图，如果你的照片质量过硬，又是中国人，编辑们很有可能会跟你联系，用你的图片，以扩大你的知名度。要记住，国人对自己国家摄影师的兴趣要远远大于国外摄影师，这是天性。

此外，微博、博客、校内这类媒体只对那些已经有一定粉丝的用户有影响力，但话说回来，社交媒体真的是一个不错的突破口，你真的可以只用社交媒体就成为网络红人，这类例子太多了，虽然微博里面有些猫腻，不过还是一个好的渠道，一个现象级的作品会让你的知名度很快提高，甚至还能得到主流媒体的关注。最好的例子就是王义博的《致青春》，因为它接地气，"接地气"很重要！要是你有一个个人网站，那么最起码的功夫就做到家了。

第四，想出名，就别怕。

如果是一个符合上述条件的摄影师拍摄出的作品，网红产业链中一定有人力推，这时候你千万不要怕。其实你没什么可怕的。记住，网红摄影师需要网红产业链，但网红产业链更需要网红摄影师。饿死胆小的，撑死胆大的——这时你应该这么想。

总之，网红拍摄创意视频是必需的。当然你要想好，是靠摄影推广产品、打造形象，还是玩一票就走？如果是前者，做好准备，即使你出名了，怎么变现？怎么保持知名度？如果是玩一票就走，那现在就走好了，因为你成不了网红。

第六步：宣传自己，形成病毒式营销

网红需要特别注意一个关键点，就是如何推广自己。这个非常关键，把自己宣传出去让更多的人知道。形成病毒式的传播，你的名气自然就大了，成为网络红人也就指日可待了。当然，选择病毒式营销的时候，必须分析利弊，选择适当的方法，这是尤为重要的。

第一，病毒式营销先要创作"病原体"。

要想使用户主动转载并传播病毒式营销的信息，"病原体"就必须有足够的吸引力，让用户过目不忘，或者打动用户，使他们产生情感上的共鸣。创作"病原体"时要遵循以下四个原则，如表3-4所示。

表3-4　创作"病原体"的四个原则

原则	含义
选对形式	在病毒信息众多且趋于同质化的今天，要想使病毒式营销收到预期效果，"病原体"所采取的形式必须要适合产品及投放媒体的特点。比如，有的企业采取视频的病原体形式，内容本身可以是广告，也可以在视频中自然含有广告元素。通过将产品信息巧妙融合在视频当中，减少了广告的商业气息，给受众留下深刻的品牌印象，从而实现更好的传播效果
立意新颖	用户分享一个"病毒"，一定是觉得这个东西有趣、新鲜或者体现了他的品位，要想做到这点，就要在"新"字上下功夫。比如，在2008年北京奥运会期间，可口可乐联合腾讯进行了一次火炬在线传递活动，如果用户获得在线传递资格，便可以点亮一枚图标，并可以邀请自己的好友参加传递。结果，这项活动在很短的时间内就通过QQ好友网络实现了4000多万人的参与，相比传统的广告营销方式来说，这样的传播不仅费用低而且效果好
通俗上口	"病原体"的语言要简短明了，通俗易懂，使其更容易脱颖而出，并有独特的记忆点成为某一时期的流行语。比如必胜客的"吃垮必胜客"、耐克的"Just Do It"口头禅等，都是精心提炼出来的病毒语言与话题。而在QQ导入市场的初期，为了更好地号召新的"Q一代"的加入，QQ亮出了自己品牌口号"别Call，请Q我"，这句口号一度如"Just Do It"一样引爆了新新人类的流行时尚
艺术感染力	一则病毒信息，应该具有艺术性、娱乐性与情感因素，使用户在观看或购买使用过程中获得情感体验，进而获得内心深处的认同与情感上的共鸣，强化对品牌的喜爱与忠诚度。2012年春节期间，一部《把乐带回家》的微电影在SNS网站上被频繁转载。这是百事可乐创作的贺岁微电影，立足当下回家过年成为难题的社会问题，贴近民心，给人一种温馨的感觉，使受众在情感上产生共鸣，从而提升了百事系列产品在消费者心目中的形象

第二，病毒式营销先要选择 SNS 平台。

现今网络营销不再是硬生生的推销，更多地融入了情感、互动、个性的因素，越来越多的人开始关注基于 SNS 网站的病毒式营销。而 SNS 的真实性、多样性，使病毒式营销有了一个更加精准的平台。

病毒营销通常使用的网络媒介传播工具有微博、微信、电子邮件、论坛、社交网站、即时通信工具（如 QQ、MSN）、搜索引擎、博客、播客、视频短片、互动性广告、网络游戏、电子图书、搞笑图片、动画、电子折扣券等。商家在投放"营销病毒"的时候，应根据自身产品特性与目标消费群体的定位，选择与其相符的 SNS 平台。做到有的放矢，从而实现精准营销。

第三，病毒式营销先要诱发主动传播。

在创作好"病原体"、选好 SNS 平台之后，要想达到病毒的快速扩散就必须诱发主动传播。

2012 年 12 月 11 日，杜蕾斯微信推送了这样一条微信活动音讯："杜杜现已在后台随机抽中了 10 位幸运儿，每人将获得新上市的魔法装一份。今晚 10 点之前，还会送出 10 份魔法装！如果你是杜杜的老兄弟，请回复'我要福利'，杜杜将会持续选出 10 位幸运儿，敬请等待明日的中奖名单！悄然通知你一声，假设世界末日没有到来，在接近圣诞和新年的时分，还会有更多的礼物等你来拿哦。"利用微信平台进行的这场病毒营销，短短两个小时，杜蕾斯微信就收到几万条"我要福利"的反馈，10 盒套装换来几万粉丝，怎么算都划算。

诱发主动传播先要找到一部分极易感染的"低免疫力"人群，把"病原体"在他们之间散播，通过他们的快速接受和积极传播使"病毒"快速扩散。但是"低免疫力"人群毕竟是少数，所以在"病毒"的导入期过后，要注重"病毒"的不断更新，进而"感染"大面积的受众。

第四，病毒式营销先要发挥舆论领袖作用。

创业者要找到传播营销信息的载体——那些对某个市场具有强大影响力的意见领袖。菲利普·科特勒将"意见领袖"定义为：在一个参考群体里，因特殊技能、知识、人格和其他特质等因素而能对群体里的其他成员产生影响力的人。著名的"笛卡图传播研究"发现，在人们的日常生活中，年轻漂亮的女性是"时尚"和"选看影片"两个议题的意见领袖；男性主要为"公众事物"的意见领袖；社会接触越频繁者越可能成为意见领袖。

传播学研究认为，信息常常是先流向意见领袖，然后再通过意见领袖流向人群中不太活跃的其他人。舆论领袖在网络传播中的作用，可以概括为加工与解释的功能、扩散与传播的功能、支配与引导的功能、协调或干扰的功能。网络上的舆论领袖无处不在，而且分布在各个领域，既有明星大腕儿、专家达人，也有草根一族。平民时尚偶像、网红"呛口小辣椒"就拥有众多的粉丝，其实她们就是普通的上班族，但酷爱打扮且经常发帖，她们在淘宝上买过的衣服被许多人跟风造成脱销，并在 SNS 网站上被频繁分享，这说明了舆论领袖的草根化，是一股不容忽视的网络力量。

第四章　十大靠：成为网红，
总得靠一桩

　　网红经济时代，想在"网红市场"中分得蛋糕的人很多。但网红成名并非易事，没有找到正确的套路，一味地想着引人注目，是火不长久的。网红需要根据自己的特点，选择适合自己的套路。火到爆表的网红，大概有靠美成名、靠丑成名、靠写成名、靠说成名、靠图成名、靠才艺成名、靠卖萌成名、靠事件成名、靠视频成名、靠事业成名10个捷径。要做网红，这"十大靠"中总得靠一桩。

靠美成名：颜值不够软件修

　　靠美成名是比较简单的一招。但看似简单，门槛却有点高，因为需要自然条件达标，毕竟长相是天生的。不过现在有了美颜相机、美图秀秀这些工具，门槛低了很多，颜值不够软件可以修！

第一，网红超爱的修图应用工具。

微博上关注了不少网络红人，看到他们秀图，都会忍不住留言问"这是什么P图软件啊，求，求，求！"数百条都是这一类问题。下面推荐几款网红超爱的修图应用，你也可以实现美照的愿望，如表4-1所示。

表4-1　网红超爱的修图应用工具

工具	使用方法
拼立得	这款应用是网红最爱的拼图应用，它最大的优势在于能具有设计感地拼图。如果你觉得分享到朋友圈的照片太Low、太普通，那么它的3D拼图、画中画拼图、杂志拼图、漫画拼图绝对能让照片瞬间高大上
Decola Baby	这是网红最爱的卡哇伊贴图应用。其中有好多萌萌哒的素材，很适合萌妹子用。使用框架和邮票、涂鸦笔等就能轻松地拼贴、装饰照片了。把这些萌素材贴在照片上，相信你看了会爱不释手
LINE camera	这是网红最爱的应用。网红照片时而有股淡淡的忧伤、时而充满阳光、时而朦胧美，其实都是魔幻滤镜的特效。相机具有微调效果的滤镜可以制作出富有魅力的照片。近600种表情贴图及100多种相框为照片装饰，把一张普通照片瞬间变得更Q。除此之外，美容功能也非常全面
Catwang	这是网红最爱的猫咪遮挡物应用。时不时地用一个猫咪作为遮挡物，很容易被这些蠢呆萌的动物给迷住。这款应用不仅能一秒内变成猫，还能变成狼、甜甜圈、猴子、比萨饼、斑马等，让照片更具"杀伤力"
女孩相机	这是网红最爱的日系大头贴应用。就算拍大头贴的时代过去，也阻挡不了女生用手机拍出日系大头贴的风格！一款不容错过的日系大头贴应用，随时随地都能体验大头贴的乐趣。应用中有很多萌萌的笔刷、相片框、背景等效果，让你随性DIY照片

上面这么多修图应用都是免费的，其中有些素材需要购买。使用这些应用工具，爱美的人也能跟网红一样，随手一按，就能轻松美化出独一无二、高大上的美图！

第二，美图秀秀小技巧。

懒得学 PS 却想拥有美美哒的照片？完全可以！下面这些有关美图秀秀的小技巧，能让你的照片分分钟变大片，秒秒钟变惊艳，从此告别路人甲！如表 4 - 2 所示。

表 4 - 2 美图秀秀小技巧

事项	操作技巧
重影	步骤：（抠出人物保存备用）→添加抠出的人物（大小100%，透明度50%，融合素材）→100%黑白色→50%经典 LOMO→100%黑白色→100%噪点2次，完成
美白	步骤：30%阿宝色→100%粉红佳人→快速磨皮（轻）→美白皮肤（用浅灰色涂抹整个图片）→调整彩色参数（偏蓝偏绿）→20%智能绘色→70%锐化，完成
瘦身	步骤：瘦脸、瘦身→智能磨皮（中）→100%锐化→40%粉嫩系，完成
德罗斯特效	步骤：选择自动抠图，抠取两只手，将羽化值调低点，点击前景作为素材后返回原图状态→点击插入一张图片，插入原图，调节好照片的大小角度，最后添加手部前景与原图重合，完成
瞬间清新明亮	步骤：100%冰灵→20%反转色→100%去雾→50%阿宝色→30%粉红佳人→用消除笔去掉脸上的痘痘→添加纹理边框，透明度调到45%→添加简单边框，完成
丰胸	步骤：美容，眼睛放大，设置画笔大小和力度，点击照片的胸部→瘦脸瘦身，修饰图片的曲线→60%锐化，完成
美化照片	步骤：100%去雾→手动美白人物→40%阿宝色→20%冰灵→50%经典 HDR→20%智能绘色→手动美白人物，自动磨皮（轻）加文字，完成
消除眼袋	步骤：80%去雾→20%黑白→调整色偏（偏黄偏青）→手动磨皮结合消除笔去除明显疤痕→消除黑眼圈工具减淡眼袋→中度普通磨皮，橡皮擦擦出细节→100%锐化→100%噪点，完成

续表

事项	操作技巧
美图美化	步骤：使用抠图笔抠取除天空以外部分→在"抠图换背景"编辑框中更换蓝天白云背景图→点击"局部变色笔"，使用蓝色涂抹天空，绿色涂抹草地→100%粉红佳人、30%暖化、60% HDR、30%经典 HDR→添加文字素材，完成
消痘印	步骤：用消除笔消除痘印→普通磨皮（中）→提高清晰度→30% HDR，完成
去掉水印	步骤：选择消除黑眼圈→在图片无水印的部分吸取颜色→调节画笔透明度为100%→在图片水印处涂抹→不断调整画笔取色涂抹掉水印，完成
调色	步骤：100%去雾→中度美白→50%智能绘色→50%深蓝泪雨→20%新日系瘦身瘦脸把人物变瘦→100%锐化→局部变色笔蓝色涂抹天空2次→非主流印里选择白云添加，完成
祛除伤疤	步骤：用手动磨皮结合消除黑眼圈工具，处理皮肤上的疤痕、黑斑→超级磨皮，用橡皮擦出边缘轮廓→100%冰灵→100%阿宝色→80%柔光→100% HDR→使用背景虚化工具处理画面，完成
修复光线偏暗自拍照	步骤：手动美白人物3次→70%暖化→70%冰灵→自动磨皮（中）→80锐化，完成
美化阴天拍的照片	步骤：30%阿宝色→30%新日系→100%粉红佳人→100%全彩→100% HDR，完成
消灭其他人物	步骤：在"美化"菜单下，用"消除笔"去除背景简单的路人→用"消除黑眼圈"功能来修补使用消除笔后的局部，及背景较复杂的路人，在其周围取色，选择用100%透明度的画笔涂抹去除路人→剪裁图片→100% HDR→适当增强照片色彩度，完成
模糊变清晰	步骤：去雾100%→（清晰度调到最大→手动磨皮，磨皮力度15%）→再重复一次→手动美白皮肤→添加睫毛，用局部变色笔涂抹嘴唇，眉毛→50%淡雅→调整色偏参数（偏蓝）→100%柔光，完成
复古温馨色调	步骤：普通磨皮（中）→60%锐化→100%暖化→30%经典 HDR→25%深蓝泪雨→20%粉红佳人→添加炫彩边框，完成
DIY 相册封面	步骤：100%粉嫩系→50%去雾→普通磨皮（轻）→手动美白人物→30%经典 HDR→保存为效果图→新建粉色画布→形状抠图为长条状（保存为素材）→打开效果图插入粉色长条（适当大小，50%透明度）→加合适文字和边框，完成

续表

事项	操作技巧
将自拍照制作成唯美的签名档	步骤：先用手动抠图，抠去人物，设置背景为白色并修改大小，调节好的人物，放大并提高透明度作为背景，最后再简单地调节下色调，完成
打造复古画风格	步骤：100%黑白色→100%素描→局部变色笔黑色涂抹画面→将房子树木抠图保存→找一张山水画做背景，将抠图放在适当位置→插入飞鸟题词素材（正片叠底）→30%复古→70%回忆→50%泛黄暗角，完成
修复偏黄的手机自拍照	步骤：普通磨皮→50%锐化→适当降低色彩饱和度→20%阿宝色→两次手动美白人物→消除黑眼圈处理脸部暗处→添加唇彩，完成
打造清新的糖水片	步骤：调高亮度，调低对比图色彩饱和度→50%淡雅→100%粉红佳人，完成
打造嫩白的肌肤	步骤：手动磨皮去除眼角细纹→普通磨皮（轻）→100%粉红佳人→70%阿宝色→75%冰灵→添加腮红（15%透明度），完成
巧用美图秀秀里面的素材	步骤：在"饰品/潮流涂鸦/表情"分类里找几个有趣的表情添加到樱桃上→在"饰品/配饰/眼镜"里找一些有型的眼镜素材添加到樱桃上→最后加上会话气泡或者漫画气泡，用文字模版添加对话，完成
让暗淡无光的照片背景亮起来	步骤：点击局部变色笔，用蓝色涂抹海水，白色涂抹皮肤，红色涂抹花朵→微调亮度、对比度和色彩饱和度→抠图换背景，抠取天空以外的部分，更换一张蓝天白云的背景图→50%阿宝色→15%紫色幻想→15%经典HDR→输入静态文字，完成
照片拼接，打造双生记	步骤：取两张图片作适当的裁剪保存→使用图片拼接，拼接两幅图（横排、边框大小为0）→使用去黑眼圈工具在两图连接处消除拼接痕迹，完成
大饼脸变身上镜小脸	步骤：瘦脸瘦身→皮肤美白→磨皮→100%柔光→60%亮红→70%牛奶→100%去雾→添加睫毛→适当的调整对比图和清晰度→50%逆光，完成
轻松调整照片构图	步骤：将右侧的背景部分剪切下来，保存为图1→改变图1尺寸，使用拼图、图片拼接工具将图1与原图拼接在一起→使用消除黑眼圈和手动磨皮处理连接部分→调整面部轮廓→30%泛黄暗角→50%古铜色，完成
调出冬日浅灰色调	步骤：适当调高亮度及对比度，调低色彩饱和度→30%阿宝色→30%冰灵→30%粉嫩系→20%暖化→点击饰品→幻彩水印，添加雪花素材→点击文字，输入静态文字，输入文字内容，完成

事项	操作技巧
让照片更加亮丽动人	步骤：100%去雾→100%全彩3次→30%暖化→70%冰灵→60%经典HDR→局部变色（深蓝色涂抹帽子）→50%锐化，打造素描效果，完成
打造温馨咖啡系风格	步骤：100%暖化→50%HDR→60%锐化→裁剪，完成
让夜拍照温馨绚丽	步骤：3次使用100%粉红佳人→使用局部变色笔，深灰色涂抹头发和眼睛，白色涂抹皮肤→30%阿宝色→15%紫色幻想→60%冰灵→50%经典HDR→快速磨皮（轻）→80%锐化→添加文字及饰品素材，完成
修复偏红照片	步骤：100%去雾→50%黑白色→80%阿宝色→100%冰灵→100%智能绘色→调整色偏参数（向青色、黄色处微调）→轻度美白→100%锐化，完成
轻松变身影楼写真照	步骤：瘦手臂→使用"手动抠图"抠取人物，在"抠图换背景"更换一张照片作为背景→10%阿宝色→30%粉红佳人→30%HDR→30%经典HDR→普通磨皮（中）→100%锐化→添加文字，完成
温馨的复古风格	步骤：皮肤美白中度（2次）→100%暖化→50%回忆→50%HDR，完成
置身海底世界	步骤：调低亮度，加大对比度，保存备用→打开一张水下的图片与之前的图片叠加，调节透明度→100%去雾→30%柔光→100%噪点→加大对比度，色彩饱和度，清晰度，完成
黑白照片上色	步骤：用局部变色笔把头巾染成土黄色，脸染成肉色，嘴染成深红色→眼睛用黑色画上眼影→60%淡雅→30%复古→100%柔和→100%锐化→20%小清新，完成

需要强调的是，单纯的美，也不一定就能成名。因为随着网络上各种网红、美女越来越多，网民的口味也越来越挑剔。像早些年的天仙妹妹那样，随便晒两张照片就能红的时代几乎一去不复返了，现在不但要长得漂亮，还需要配合一些条件，比如最美车模、最美乡村女老师、最美洗车工等，要把美貌与某个事物结合起来，才更容易红。

萧丑成名：丑得有特点、有思想

凡事物极必反，打造网红同样如此，在美女泛滥的时候，丑可能反而更容易出名。虽然长得丑，但要想得美！所谓想得美，就是要丑得有特点、有思想。

第一，什么叫丑得有特点。

丑得有特点，就是丑得有个性、有腔调，就是一半是天使，一半是魔鬼——既可以像天使那样笑得很灿烂很纯净，也可以像魔鬼那样很酷很野性。

凤姐原名罗玉凤，网友这样评价她的长相：死鱼眼、蒜头鼻、蛤蟆嘴。凤姐成为网红的原因除了长相还有她语不惊人死不休的风格。

凤姐身高145厘米，却非要找178～183厘米的北大、清华硕士。因为她认为自己博览群书、无所不知。此语一出，一石激起千层浪，大部分都是负面评论。但凤姐不为所动，还凭借其长相和美甲技能拿到了美国签证。据说在办理签证时，凤姐跟签证官说，我是中国最著名的网红，我在中国人人皆知。签证官不相信就问旁边的人，说你们认识凤姐吗？大家都说认识，结果她就顺利拿到签证了。

凤姐到了美国之后仍然不消停，她卖力地给人洗脚、做美甲。但是仍迟迟拿不到美国的永久居留权。于是她就"发飙"了，在社交平台上发布信息，说自己在中国也是一个名号响亮的网红，居然拿不到美国的永久居民资格，她要炸了美国移民局。此语一出立即引起了民众的警惕，有人直接举报罗玉凤为恐怖分子。由于美国言论环境比较宽松，凤姐偏激的言语虽然被人举报，但是美国政府并没有太在意，当然最主要的原因是美国政府也没有把凤姐放眼里。

凤姐在美国待了几年，镀了一层金，之后又将目光瞄准了中国，说要投资中国的美甲O2O项目。但只见楼梯响，不见人下来，干打雷不下雨。半年过去了，投资的事情已经没了下文。后来凤姐又变成了一个产品经理，推出了一款手机APP。这款产品叫淘皮客，一个专门"约架"的APP。凤姐约的第一个人就是董明珠。

凤姐说，董明珠把格力手机的开机画面设成了自己的头像。凤姐的APP上也要放自己的照片。所以凤姐投资的APP淘皮客，一定会比董明珠的格力手机受欢迎。如果凤姐输了，她就把自己整成董明珠的模样。如果董明珠输了，敢把自己整成凤姐这个模样吗？董明珠显然不会去接这个话茬，但凤姐的做事风格就是这样，善于借势宣传自己，这也是她成为网红的一个重要原因。

丑得最著名的网红凤姐在"丑"这方面做了一个颇有特色的诠释：网红不在于美和丑，关键在于脸皮厚不厚。正所谓"脸皮厚得像城墙"，要想做网红，脸皮必须赛过城墙。

第二，什么叫丑得有思想。

丑得有思想，其实深刻的含义在于不看外在看内在，看一个人的底蕴是否丰富，是否有思想。有底蕴、有思想的人，才有恒久的魅力！这是古今中外不争的事实。

有人说："越丑的人，越有思想。"这话或许有一定的道理。一般漂亮的长相来源于基因，是天生的，而思想多数是后天通过不断学习和思考所塑造的。但是，天生长得漂亮可能在后天发展中抑制了其成为有思想的人。不得不说在一般情况下以貌取人是很正常的，尤其在青春期。所以帅哥美女在成长过程中会遇到很多诱惑，说俗了最通常的可能就是天天谈恋爱而不好好学习。而那些貌不惊人的人，在学校由于被受欢迎的群体所孤立，所以没什么诱惑，在人生成长积累的阶段好好学习了，勤于思考了，所以后来都成为了有思想的人。当然这是"一般情况"。

相貌美丑、思想深度，这两种个体特质，在人群中呈现正态分布（原因就不解释了），但概率给我们造成了错觉。举个例子，仅有 1% 的人可称为有思想，也仅有 1% 的人可被称为真美丽，同时拥有两个条件的人，出现的概率是 $1\% \times 1\% =$ 万分之一。我们没遇到很正常。生活中出现的多数是长相俊美的普通人，或思维超凡却貌不惊人的人。

总之，生得美可以做网红，生得丑也一样可以做网红。宁愿丑得有特点、有思想，也不要美得雷同！

靠写成名：写的是经历、性格、思想

一提到写作，很多人马上想到文字功底要深，其实不然。在互联网上，拼的是文字功底，像互联网上火爆的网络小说，大部分是中学生水平。互联网上拼的不是单纯的文字，而是文字内容背后的经历、性格和思想。

第一，靠写成名者大有其人。

靠写成名者不在少数，就像坤鹏论写的《网络营销推广实战宝典》一书，写完后，自己都没好意思看，全是大白话。但这本书第 1 版热销了 14 万册，长期占据当当网营销类图书榜首。在微博这样的平台，也不需要长篇大论，只要你的观点独到或内容犀利，就会受到追捧。比如靠微博成名的作业本，就是以语言犀利、内容具有讽刺意味而俘获了大量粉丝。再比如同样靠微博成名的留几手，则是靠毒舌点评红遍网络，甚至像陈赫等明星都主动要求其点评。

当然，如果你文笔还行，也可以写大篇幅的文章、网文。比如咪蒙，就是靠文章奠定江湖地位，其实她写的文章不算多，但篇篇引爆网络。这些文章有《女友对你作？应该谢天谢地，因为她爱你》、《如何对付搞暧昧的男人》、《女人年轻时首先该干嘛？先挣钱》、《致贱人：我凭什么要帮你》等。

段子手也可以成为网红。在网络时代，因生活压力大，需要一些无伤大雅的段子来缓解工作压力，段子手便应运而生。有一位网络段子手，以毒舌点评别人长相出名，也就是典型的网络毒舌。他的名字叫留几手。留几手的语言特点是通篇的毒舌，"负分、滚粗"是他的日常用语。很多美女网上求虐，把自己的照片@给留几手，求骂自己几句。网络时代真是无奇不有，骂人也可以成为网红。

第二，此类文章的特点。

要想将文章写得有经历、有性格、有思想，道理其实很简单。人是社会群体组成部分中的一分子。一个人的人生经历或多或少地影响和制约一个人的性格和思想。一个人的人生经历是决定一个人性格和思想的前提条件。每个人的经历都完整制约着一个人的性格和思想是否健康、是否阳光，性格和思想是在岁月的长河中经过无数次洗涤和修饰的结果。如果将自己的这些收获不断地与粉丝分享，就会离成为网红越来越近。

这类文章的特点就是目标明确、情绪突出，文章中所讲的现象非常具有普遍性，而文章中的观点能够引起广泛的共鸣。简单地说，就是说出了很多人想说不敢说的话，说到了大家的心坎里，大家看了之后感觉很爽，迫不及待想转发。

具有上述特点的文章有满满的正能量。比如我们在朋友圈里见到的除了心灵鸡汤之外，还有各种各样的睡前故事。现在的独生子女虽然长大了，但是他们的心理断乳期一直没有结束，于是就有了一个新的职业，讲睡前故事，哄你入睡。写睡前故事写得最好的，是一个叫张嘉佳的人，他专门给一些美女讲各种各样动人的爱情故事。故事的开头往往是猝不及防地跟美女帅哥撞个满怀，但是相遇之后，两个人往往会发生一段非常惆怅的爱情故事。他的名言是："如果你想中途下车，千万不要叫醒装睡的我。这样我可以沉睡到终点，假装不知道你已经离开。"这种文艺的调调非常受女文青的欢迎。

靠说成名：语音表达要丰满

以说成名，就不得不提罗振宇，他算是此中的代表和佼佼者。罗振宇的主战场不是公众号，实际上除了公众号，现在以声音为主的平台非常多，比如蜻蜓FM、荔枝电台和喜马拉雅FM、网络电台，这样的平台有了个专门的名词，叫音媒体。坤鹏论的一位学生，就是通过音媒体成名的，是音媒体第一人，而他也与时俱进，结合移动电商，将知名度成功变现。

第一，语音的特点。

其实靠说成名和靠写成名有点像，只不过一个是文字，另一个是语音。但相对于文字来说，语音在情感方面的表达更丰满，再适当地加一些音效、配乐，更容易打动人。而且和写作相比，说话可以更随意，不像文字那么刻板和严谨。

语音，即语言的物质外壳，是语言符号系统的载体。它是最直接地记录思维活动的符号体系，是语言交际工具的声音形式。语音的物理基础主要有音高、音强、音长、音色，这也是构成语音的四要素。音高指声波频率，即每秒钟振动次数的多少；音强指声波振幅的大小；音长指声波振动持续时间的长短，也称时长；音色指声音的特色和本质，也称作音质。

对于想靠说成名的人，可以先从说现成的内容开始，比如将网上最新的段子、新闻、评论说出来，在说的过程中，适当加上自己的观点和感触，说久了，自然会慢慢形成自己的风格。

第二，语音的安抚作用。

科学研究早已证实语音的作用。比如在医院里，安抚者的态度，很容易影响病人的心理，同情、鼓励、安慰等语言会使病人倍感关怀，可增添病人无穷的力量及信心，所以要避免用生硬的语言、过于简单的方式对待病人。在网络世界里，所谓语音表达要丰满，就是将要说的话用轻柔、舒缓、温润的音调说出来，这样效果更为明显。

网络虽然是一个虚拟世界，但是要想成为网红，也必须和现实的世界相连接，现实中人人都很空虚，人人都需要找到感情的慰藉。有一个 APP 叫快约，它为每一个有闲暇时间的人提供平台出售自己的技能。其中有一项最受欢迎的服务叫感情陪护——美女叫早，只要充值几十块钱，就会有美女每天早上叫醒你，还会有人哄你入睡，和你说"么么哒"。一句么么哒，温暖了无数屌丝的心。

靠图成名：图片幽默搞笑，需要多下功夫

靠图片成名中最具有代表性的，可以说非小胖莫属。那个小胖子无意间一瞥而被抓拍的照片，就在网络上红了 N 多年。当然，小胖的成名不是无意识的、偶然的，也是通过系统的策划和炒作而成名的，比如曾经红极一时的真人四格漫画以及后来的暴走漫画等。除了漫画，表情包也是一个非常好的形式。比如周杰伦，如果不是因为长年活跃在表情包中，可能大家早就把他忘了。但不管什么形式，凡是靠图出名的，内容基本都有一个特点，就是大部分以幽默搞笑为主，所以想走这条路，一定要在这方面多思考、多下功夫。

第一，在线恶搞图片生成器。

收集整理几款类似的在线工具，因为这些工具生成的图片特效基本都属于有趣或恶搞的类型，我们就把这些工具叫作恶搞图片生成器，如表 4 - 3 所示。

表 4 - 3   在线恶搞图片生成器

工具	使用方法
PhotoFunia	PhotoFunia 之所以受到关注是因为其提供的许多种特效生成，是我们之前在其他网站没见过的，且其合成的效果足够以假乱真

续表

工具	使用方法
Dumpr	这是一个专门提供各种图片生成工具的网站，你可以从本地、从 URL 或是从 Flickr 添加你的图片，然后选定你喜欢的一个特效，即可生成，生成的图片可以下载保存或是快捷分享到热门的社会化网络
YourMagicPhoto	它的使用也很简单，上传图片，选择 PS 恶搞的效果图，立即生成。包含美元头像、影院、墙上、月亮上、明信片上等 64 种有趣的效果图
FACEinHOLE	它提供的服务非常不错，打开页面之后会发现许多图片上都有一块空白区域，那就是供你上传图片的。并不只是这些，你上传的头像可以放大、缩小、旋转、增加亮度、调色调等，最后就可以很好地适合原图，绝对可以比拟网络小胖哦！最后可以将制作好的图片保存到硬盘或者打印出来，只要轻轻一点选择即可！当然既然是 Web2.0 时代，你也可以将图片推荐到 Facebook、Myspace、Bebo 等，功能还是不错的
Monoface	这是一个有意思的在线搞怪真人脸蛋的网站。打开首页就会随机出现一个头像，只要你点击相应部位（如眼睛、鼻子）就会变换另一个模样。所以你也很难发现数据库里究竟有几个人的头像，因为实在是太逼真了，当然可以看旁边的提示如 Head 的名字或者穿的衣服得出答案，一共是 15 个人，这 15 个人据说是该公司的成员。只需动动鼠标，就可以变换出许多的头像，英俊、可爱、小丑……随你手指的点击而变换。所以也是很好的发泄工具！最后可以将你生成的头像保存为图片
MontaGraph	一个提供在线图片恶搞服务的网站。MontGraph 的原理如下，你可以上传自己的图片，然后利用 MontGraph 提供的图片模板，你就可以制作出你需要的图片效果
Clubdud	一个能够将你上传的图片的脸部画面放置到 Clubdud 提供的图片模板的一个在线图片 PS 应用，由于 Clubdud 上面提供的图片模板都是比较有意思的，可以称之为在线恶搞图片制作服务。Clubdud 比较有意思，上面示例用的都是美国总统小布什的头像。Clubdud 的使用也很简单，先选择一个图片模板，然后上传自己或者想要 PS 的头像（2M 一下），将头像和模板的头像位置对准即可，之后你可以调整头像的大小或者旋转你的头像
Glassgiant	这适合实在闲的没事儿的时候去逛逛的网站，Glassgiant 上面提供了 20 多种快速生成趣味图片的工具，你只需要输入文字或上传图片，点下按钮即可得到一张有趣的特效图片

第二，搞笑图片制作方法。

生活中不能缺少笑声，幽默一点会增加生活情趣。下面介绍几种方法（当然还有很多），不用下载软件，只需在线工具，简单几步就可完成。

（1）换发型、戴帽子、戴眼镜。如果你是一位女生，想不想使照片中的男朋友长发、戴女帽、戴眼镜，搞笑一下呢？如表4-4所示。

表4-4　换发型、戴帽子、戴眼镜图片制作方法

序号	方法
1	在百度搜"臭美在线工具"，点击第一个网站进入。该网站是一个发型设计、打扮网站，利用其在线工具，制作出搞笑图片
2	上传照片。先点上端的"发型设计"；点"上传照片"，在弹出的页面中点"本地照片上传"，将保存在硬盘的一张男士正面照上传；拉动"上下移动"、"左右移动"和"缩放大小"滑块，将图片调试到和事先设计好的模块相吻合；点"完成"
3	换发型。在右边2000多种发型当中选择合适的，点击；还可调整亮度、对比度、色度、饱和度等
4	戴帽子。点击"帽子试戴"；选择帽子款式（有200多款），点击
5	戴眼镜。点击"眼镜试戴"；选择眼镜款式（有近700款），点击
6	保存。点击"保存"后，选择区域（图片大小），再点"保存"，保存到本地硬盘

注：也可选择换发型、戴帽子、戴眼镜中的一种。

（2）快速制作QQ表情搞笑图片。QQ聊天的时候，我们想要给一张搞笑图片配上字体，可是我们又不会使用复杂的软件，那么怎么办呢？现在教大家搞一个简单的动态图片制作方法，如表4-5所示。

表4－5　快速制作 QQ 表情搞笑图片的方法

序号	方法
1	选择 QQ 收藏里面的一张动态图片，然后右击选中，选择涂鸦
2	进入涂鸦界面后，把原先的字擦掉
3	然后用文本框添加文字，也可以用下面的添加图片添加另一张动态图片来合并
4	把字打上以后，就可以点击完成了
5	如果想写某人的话，也是可以的

注：涂鸦只是在原来的图片上覆盖而已，想真正做到无痕迹，还得用专业的软件。

（3）制作恶搞图片，给图片添加恶搞效果。教你怎么在手机上使用百度魔图给图片添加恶搞的效果，如表4－6所示。

表4－6　在手机上面使用百度魔图给图片添加恶搞效果的方法

序号	方法
1	打开百度魔图软件，然后选择美化，并触摸点击打开
2	点击美化后，就会打开选择图片的浏览对话框，在里面选择我们要恶搞的图片，比如选择了一只小肥猫
3	在下面的菜单栏中点击打开"装饰"，打开装饰菜单栏
4	在装饰菜单栏里面选择第二个菜单功能项"恶搞"，触摸点击恶搞后，打开恶搞的道具栏，选择我们要使用的道具
5	比如选择大嘴和舌头的恶搞效果，点击后，图片中就多了大嘴和舌头的图片
6	从图片两个对角中的一角向另一角拖动，就可以缩小恶搞的道具了，缩小后，点击道具并拖动，移动到合适的位置，如小猫嘴巴的位置
7	设置好后，在道具外的空白地方触摸点击，可以查看制作的效果，点击右上角的对钩按钮可以保存我们制作的图片

靠才艺成名：唱的是歌，煽的是情

才艺中最常见的成名方式是唱歌，比如靠《天使的翅膀》一曲成名的西单女孩，靠《春天里》一举成名的旭日阳刚等。表面上他们是靠歌声成名，其本质是靠情感打动了大家。应该说他们身上寄托了很多人的梦想，大家在他们身上看到了希望。所以，想靠唱歌出名的朋友，一定要好好琢磨这其中的道理，不要单纯地认为唱得好就可以。

第一，想做网红要有才艺。

想做网红，要有才艺，才能吸引网友。在这方面，美国男歌手查理·普斯从网红跨越到"真正的歌星"的经历，可算是一个典型。

2015 年 4 月，《速度与激情 7》上映，名不见经传的美国男歌手、"新人"查理·普斯与美国说唱歌手、词曲作者、演员维兹·卡利法合作，凭借"See You Again"勇夺 26 国冠军，红遍全球。他的另一首单曲"Marving Aye"在英国榜狂飙 89 位，登顶冠军。客串合唱的是个性才女梅根·特雷拉，这首歌也是两人各自的第二首英国冠军歌曲，同时也是梅根·特雷拉第一首不参与创作的单曲。而查理·普斯随后亦发布新单曲"One Call Away"，其首张正式个人专辑于 2015 年 11 月发行。从网红到"真的红"，查理·普斯是名副其实的学院派！

查理·普斯这位邻家男孩式的"90后小鲜肉"，外貌亲切可人，高中开始主修爵士钢琴，毕业于著名的伯克利音乐学院，主修音乐制作。虽然对中国听众来说，他是"新人"，但在国外，他早已是翻唱达人，几年前便已有"Some One Like You"（Adele）、"Need You Now"（Lady Antebellum）等多首翻唱视频成为"油管"（Youtube）热门曲目，累计点播量超过300万。并成功从"网红界"杀入大电视，参与热门节目"爱伦秀"表演，还被主持人爱伦签到旗下，踏上星途。之后签约大公司"Atlantic Records"。从2010年开始，查理·普斯已经陆续出版过两张唱片"The Otto Tunes"及"Ego"，但当他签约"Atlantic Records"后，唱片在Itunes下架了。

作为一介"网红"，查理·普斯制作了多个"油管"小伙伴的节目主题曲；在主流音乐界，他与多个红星合作，写歌、合唱及监制，包括Treysongs的"Slow Motion"及Lilwayne的"Nothing but Trouble"等，通过这些作品，他进一步"洗底"，从网红跨越到"真正的歌星"之列。

网红并非因为唱歌好才出名的，唱歌好的人很多，而且从专业角度来说，他们唱得也不算特别的出色。他们出名是因为其才艺和背景形成了强烈的反差。网红的背景常常是普通得不能再普通，甚至比很多普通人还要普通，所以他们一出现，便能迅速引起大家的共鸣，大家在他们身上看到了自己的影子，看到了自己的过去、现在，看到了自己的梦想。

第二，才艺对网红的重要性。

才艺对网络主播尤为重要。随着大众认知度的提高，社会对于"网络主播"的宽容度越来越高,现在这个行业的丰厚薪水,吸引着不少美女加入。网络主播是靠才艺发展自身的行业,多数是 18～25 岁的女孩子。有才艺、高颜值才是入行网络主播的条件,其中"有才艺"是第一位的。很多网站招聘主播的首要条件就是才艺,包括唱歌、跳舞、弹琴,所谓艺多不压身,在这个行业总是吃得开的。主播的主要收入就是网上粉丝送礼的分成,主播每月收到的礼物越多,证明其才艺越多,魅力越大、受追捧的程度越高,相应的收入也就越高。

从分享经济角度来看,网络红人是一种基于闲暇时间分享个人才艺而获得收入的方式。网红现象揭示,一旦你拥有网红的身份,你不再需要找一份朝九晚五的工作,你可以创业成为"自己的老板"。借助"分享经济",固定的工作岗位消失,大量工作机会和临时的工作身份出现,这对传统的就业模式产生了重大的冲击。

靠卖萌成名:要的就是萌萌哒

没有才艺的人也不要灰心,如果不能唱,能卖萌也行。比如一位"90后"网红,之前长年混迹于唱吧,虽然他的唱功不敢恭维,但在唱吧积累了一票粉丝。原因就是他懂得卖萌,他唱得一般,但却唱得萌萌哒,而很多女粉丝就喜欢他萌萌哒的这个范儿。后来,他开始结合移动电商变现,2015 年他的销售额已经超过了 5000 万元。可见靠卖萌也能成名。

第一，嘟嘴、卖萌、秀身材，已成网红"必杀技"。

网红有那么多，能飞上枝头的毕竟是少数，能吸引到男明星，必然要有几把刷子。从这些网红的上位史来看，如果你立志要做网红逆袭男神，那一定要嘟嘴、卖萌、秀身材，这是一大"必杀技"。

看看几位男明星的网红女友，无不是小脸、大胸、淘宝款，微博里的标准甫士（意为姿势）就是嘟嘴、卖萌、秀身材。经常晒照片，再开个淘宝店，离成为网红的路又近了一些。很多男明星的网红女友都是淘宝店主，这简直就是网红标配，是累积粉丝、打响知名度的第一步。她们的微博里也经常预告淘宝店何时上新、何时优惠等。此外，哪怕没有走过 T 台、没有拍过写真，微博认证也一定要是"平面模特"、"网络模特"。

第二，借宠物卖萌。

为迎接 2016 年猴年的到来，猫咪也紧跟时代潮流，被网红穿上了毛茸茸的"小猴装"，"喵星人"迅速进入角色，甚至还摆出了猴子最喜爱的微微弯腰的姿势，就连看见主人递过来的香蕉也是毫不客气地吃了起来。可爱姿态着实萌化人，很快引来不少网友点赞，大家纷纷直呼"太可爱"。借猫咪等宠物卖萌，也是网红卖萌的一种方式。

2015 年 9 月的一天，张先生与法国迷你斗牛犬坐在北京的一家星巴克里畅饮超大杯冰茶，突然有一位女士兴奋地跑过来想要与法国迷你斗牛犬合影，她说自己是开淘宝店的，等回去处理后加上自己的产品放到网上去。其实，这只迷你斗牛犬已经是一个在社交网络上崭露头角的动物明星了，在互联网上已经拥有 10 万粉丝。张先生此前还没有意识到自家宠物具有如此大的知名度，但女士与狗合影这件事让张先生意识到自己的这只法国迷你斗牛犬原来真的挺有名气的。

张先生的法国迷你斗牛犬只是社交网络中涌现出来的宠物明星中的一员，其实那些在淘宝上开店的网红常常用这些动物网红代言或者拍广告，虽然每一个宠物明星都有着自己的个性，但是作为一个整体，它们被给予的宣传期望是一样的，那就是展现出可爱与萌的一面。可爱宠物散发出来的吸引力是难以抗拒的。

卖萌这个事没有罪过，但一定要注意尺度和把握分寸，千万别喧宾夺主，不能让耍宝卖萌这样的"配角"抢了形象传播这个"主角"的戏。耍宝要在尊重商业文化的基础上，卖萌也要在不损害产品价值的前提下，绝不能为了博取眼球而超越了底线，陷入媚俗、庸俗、低俗的套路。

靠事件成名：网红也讲"事件营销"

策划和炒作事件，是网红成名的一个捷径，在营销里，我们管这个叫"事件营销"。当然，这个事件本身包括整个过程，全是人为策划和炒作的。

2016 年 3 月 15 日下午，"马甲线女王"袁姗姗分别从正面和背面用 A4 纸秀腰围，身材好到爆。"A4 腰"，顾名思义，是指腰的宽度小于一张 A4 纸的宽度。A4 纸是由国际标准化组织 ISO 216 定义的，规格为 21cm×29.7cm，全球范围内绝大多数的国家都采取这个标准。照片发布后，立即引来了王丽坤跟风，还留言称："这是你们要的 A4 腰！"有网友留言称："马甲线你有，A4 腰你有，让我怎么活。"还有网友表示："羡慕你，我是横着的 A4。"随后，爱戴、戚哥、张檬、SNH48 部分成员、papi 酱、网红 KOL 等也纷纷加入。大腕的参与，无疑又给"A4 腰"话题添了一把火。事件发酵的第四天，"A4 腰"话题阅读量达到 1.3 亿。继 A4 腰后，B5 腰也逐渐被广大网友热捧起来，网友隔空喊话："别说 A4 腰，B5 腰也没问题呀！你们感受下。"

"A4 腰"是继"马甲线"、"双膝过肩"、"反手摸肚脐"、"锁骨放硬币"等一系列晒身材的潮流之后，网络上兴起的又一股奇特新热潮。基于"A4 腰"的走红，我们不难发现，话题前期的造势以及超级广泛的参与程度，看上去并非偶然，短时间内达到 1.3 亿的微博话题阅读量，也绝对不是轻易形成的。作为一次成功的事件营销案例，我们又能从中学到什么？

（1）事件营销话题一定要具备大众喜爱的元素，且极容易参与，并且能很容易吸引人们参与。也就是说，再好的网络事件营销都需要"接盘侠"，需要能很好地进行传播，而"A4 腰"绝对拥有这样的实力：一方面，是众网友、名人、大腕的参与，让"A4 腰"瞬间火到爆。另一方面，"A4 腰"如此火爆，与品牌的参与有关——可口可乐作为饮料中的"尤物"，它的参与度很高，关乎小蛮腰，可口可乐的造型简直不能更适合了，槽点绝对多到爆；乐视超级手机当然不能放过这个机会，据说，一张 A4 纸等于两台乐视 1S 的长度，微信妹上镜，展示的是 A4 横版的小蛮腰；361°拉上国民小鲜肉宁泽涛，引出了"A4 腰"的最高标准，不仅是腰，还要有马甲线或人鱼线；世纪佳缘由"A4 腰"说开去，很愉快地转移了话题，那就是不管你有没有"A4 腰"，我只关心你有没有男朋友。

（2）针对此类事件营销，如果你已经不能有把握超越它的强势氛围，不如选择参与。其实能跟"A4 腰"嫁接上的话题还是很多的，只要有"女人曲线"设计的产品都可以进行无缝对接，如酒水、饮料、可乐瓶等外观设计，这些弧度都能和"A4 腰"联系起来。

（3）其实能参与到此次事件营销的行业有很多，如运动、健身品牌，可以通过"A4 腰"直击受众的痛点。或者像沃尔玛一样，通过"A4 腰"让消费者做出抉择：要美食还是 A4 腰。有些卖萌，也有些可爱。当然，"A4 腰"的事件营销并非是简单的微博话题推广或宣传海报，还将此次话题全面落地，完成从线上到线下的粉丝引流。

当然，"A4 腰"的火爆效果不是简单的事件营销就能实现的，具体的细节，需要事件营销策划的专业事件营销公司团队来实现。

第一，事件营销对网红的意义。

对于现在的各行各业，营销的意义重大，有时甚至关乎生存。然而并非所有企业都能做好营销，将营销等同于打折、促销等粗放做法的企业比比皆是。那么，怎样的营销模式才算是好的营销呢？

如今一定不是个卖货的时代，企业之所以偏向于价格战、促销等做法，卖货意识很强，是因为有产业链的优势，成本相对较低，而有的电商更重视品牌的打造，更重视事件营销，也是因为电子商务消费群体是更年轻化的人群。对于电商而言，事件营销是更有持续竞争力的营销模式。

红人经济是社交电商趋势的一个重要体现，有非常好的用户黏性，利用其可快速实现精准化及快时尚的变化。同时这种营销形式契合了以"90后"为主的用户群体消费心理上的个性化需求，前端能够感知精准消费人群的需求，后端能够随之做出快速反应，以数据驱动，从而倒逼供应链的改造。因此，在网红时代，事件营销才对年轻人胃口。

网红借事件营销的走红之路，需要找到一群最相似的群体，用你最擅长的表达方式，说出他们最想说的话。一定要与他们互动，因为他们的青春期正好是中国互联网兴起的时代，在一个相对自由的氛围里成长。只有形成真正的互动，才能吸引他们的眼球。如果这些都不是你所擅长的，也可以找寻专业的网络公关公司，为你量身定制一个网红炒作计划，这也是成功的捷径！

第二，网红事件营销要点。

网红做事件营销，要成功就要把握以下四个要点，如表4-7所示。

表4-7　网红事件营销要点

要点	方法
抓眼球	事件本身一定要能够抓眼球，所以就要求事件本身要有足够的亮点，比如非常有争议、非常搞笑、非常反常

要点	方法
选渠道	传播的渠道很重要，要选那些人气旺的平台。所以一般炒作事件都会借助天涯论坛、百度贴吧这样的平台
做跟进	事件本身不能太单薄，一定要有后继事件和情节跟进，要让网友像看电视连续剧一样过瘾。比如当年红极一时的虚拟人物小月月，在首个直播贴发完后，后继还有爆料帖、新闻评论
有团队	事件营销需要团队配合，一定要围绕事件不断造声势，并大范围传播

靠视频成名：娱乐大众是最重要的

随着互联网带宽的发展，视频逐渐成为主流。视频的特点是表现形式丰富，内容丰满，所以比较容易被传播。以视频成名的关键是要掌握其中规律。从目前已成名的这些网红来看，幽默搞笑类的依旧是主流。这也充分证明，娱乐是广大人民群众最主要的需求之一。同时，这里还有个经济规律，那就是经济越不好，幽默类作品反而越火，因为经济不好，生活中必然会有诸多不痛快，人们就需要更多地从精神上寻求欢乐和宣泄。

第一，一段视频一夜成名。

想成名，上"好声音"？NO，互联网的门槛更低。网红通过视频成名的案例越来越多，先不说最近火爆互联网的 papi 酱，来说说远一点的忧郁弟，其表演视频轰炸着网友们的视神经，曝光度不输明星。

2010 年，一位年仅 9 岁的小男孩，通过视频翻唱了陈奕迅的《好久不见》，声嘶力竭的唱腔、忧郁的眼神、饱含情感的表情，瞬间让小男孩火了。之后，小男孩又不断更新《天亮了》、《传奇》等翻唱歌曲，其投入的状态、伤感的神态征服了万千网友，被大家称为有故事的"忧郁弟"。

忧郁弟名叫罗炼羽，重庆城口人。成名后，除了正常的学习外，几乎一直在全国各地飞，参加各大卫视邀约的歌唱类节目。他还发过自己的单曲《十二点的天空飘着雨》、《暖心天使》。如今的罗炼羽，学习钢琴、吉他，自己钻研声乐技巧，偶尔还尝试写歌。"我的目标，是成为一个创作型歌手。"他说。

网络为人们表达自己、学习和互动提供了平台。忧郁弟就是依靠自己某一方面的特长而受到关注。理论上人人都有机会靠短视频火起来，但从实际来看，每一次创业大潮袭来，都是陪跑的多，成功的少，短视频恐怕也不例外。网红如果不更多地提升自身能力，也难以走得长远。

第二，网红的视频是这样做到的。

随着手持设备性能越来越强，视频应用的出现频率也越来越高——其中不仅包括像 Cameo、Moonlight 这样的剪辑工具，更值得注意的是无处不在的短视频平台。而网红也跟进脚步，开启了属于他们的"后视频时代"。HoneyCC、Skm 破音、papi 酱等正是短视频网红的典型代表，走红于美拍短视频平台。这些视频上的男神女神们，究竟是怎么做视频的？

我们最先想了解的是，网红们用的都是什么手机、手机里装了什么应用？从网红的手机截图可以看到，这些人手机里面主要装的是以下应用：美图剪辑，包括美图秀秀、美颜相机、美丽拍、in、InstaSize、iMovie；视频音乐，包括美拍、哔哩哔哩、爱奇艺、优酷；社交软件，包括微博、微信、Instagram、豆瓣、QQ、知乎；买买买，包括淘宝、饿了么、大众点评、美团外卖。可以说并没有什么特别。

接下来，他们有什么特别的拍摄技巧吗？其实在拍摄视频前，这些视频网红们的事前准备、拍摄设备也没有我们想象得那么复杂。也就是说，发布在短视频平台上的视频，拍摄门槛不高。至于拍摄灵感，就是平时觉得好玩的就拍下来，只要留心生活，就会有素材。看来，接地气的日常生活内容在移动短视频平台上也很有市场。

领域的进入门槛低，就意味着存在激烈的竞争。烟花易冷，新人层出不穷，要持续走红是一件不容易的事。不想成为"霎眼娇"，就必须不断地生产优质内容，并且注重和粉丝互动。比如 Skm 破音和一般歌手用户不同，他的视频内容比较新颖特别，注重和用户粉丝的互动，唱每一首歌之前都会和粉丝聊聊天，开一些轻松幽默的玩笑。得益于和粉丝的良好互动，粉丝自行组成了"破家军"，为他每一首歌手打歌词，在短视频平台创造了"弹幕填歌词"的话题，并将"弹幕填歌词"引领成了一种潮流，话题浏览量到达150 万，话题视频播放数达千万以上。除此之外，还会在美拍平台上发起一些派福利的小活动。

另外，在平台选择方面，优酷和爱奇艺现在是人气最高的网站，如果要上传一个很火的视频，一般来讲视频的内容要比较吸引人，还有就是在各种途径上分享你的视频，点击的人越多，传播的路线越多，那你的视频就会更加受欢迎。

靠事业成名：创业故事最感人

通过事业成名，是比较有正能量的，比如这两年通过微商而崛起的一堆微商女神。通过事业成名的网红，通常是由于某个作品在网络社交平台走红而获追捧，然而他们没有选择职业网红的道路，而是继续投身在原来的事业中，网红成为他们未来事业的良好起点。

第一，事业型网红的根据地——唱吧。

事业型网红往往集中在音乐娱乐领域，通过分享单曲或 MV 走红，这样其出身的社交平台属性就变得无比重要，因为这决定了他们事业的根据地和第一批粉丝的质量。最典型的案例是来自唱吧的 Rita。

来自四川绵阳的 Rita 黄汐源，大学时代开始玩唱吧，性格阳光爱笑，留短发，有着"这么帅怎么可能是女孩子"的美誉。2013 年 Rita 在唱吧走红，同年获得"沃音乐校园争霸赛"全国冠军。2014 年荣获"唱吧年度实力女歌手"，同年发行了自己的第一首单曲《长发短发》。2015 年参加乐视 TV 与唱吧联合举办的"蒙面歌王"唱歌比赛，并获得冠军，同年发行第一张个人专辑《星空 3016》。而今，Rita 仅在唱吧就拥有高达 215 万粉丝，凭借超高人气，晋级《2016 超级女声》唱吧区总决赛。

唱吧是一个由 K 歌工具形成的垂直音乐社区，拥有 3 亿的总安装量和 3000 万的月活动人数，这个平台拥有许多深度的音乐爱好者，他们在生活中分属各行各业，但共同的兴趣爱好让他们聚在一起。因此，在唱吧的音乐网红的成长过程中，唱吧的乐友往往能给他们很大的帮助。比如 Rita 曾经是唱吧另一个网红 Yuki 的粉丝，后者曾在与 Rita 私信交流中传授经验，成功将她带上了网红道路。而唱吧网红杨姣则是在一个现实中是职业经理人的粉丝的帮助下，开始运营自己的粉丝团。良好的社区环境是唱吧拥有大量事业型网红的基础，而唱吧与国内顶级娱乐节目（如《我是歌手》、《天天向上》、《2016 超级女声》）的良好合作关系，则让唱吧的事业型网红能够"近水楼台先得月"。

如果说唱吧战略投资方湖南卫视及其旗下何炅、谢娜、汪涵三位明星投资人，为唱吧注入了娱乐造星基因的话，因慧眼识人闻名的湖南卫视总导演洪涛加入唱吧担任艺术指导，则带给唱吧网红们直升明星的可能。

第二，事业型网红的幕后准备。

通过事业成名的网红，看似突然成名，其实在人后做了很多准备。澳大利亚的亚裔女孩章凝（Margaret Zhang）就是一个例子。

章凝似乎一夜之间成了时尚界的宠儿。这位悉尼大学商业与法律专业的学生，16 岁因"无聊"开通了个人博客 Shine by Three，集时尚博主、摄影师、造型师于一身，并在图片分享网站 Instagram 聚拢了 63 万粉丝。她不断跟粉丝分享饮食、旅行、时装周等精彩瞬间，成为时尚杂志编辑也要常常参考的重要范本。

这样一个在网络上走红的名人，是如何自我运作成一种现象的呢？她确实有自己的一套见解。比如，她认为很多人在社交媒体上犯的错误是不加选择，什么都发。"别人搜索你的时候，不会对模糊的周六聚会照片或是在墨西哥餐馆举杯喝红酒的照片感兴趣，你必须要创造一个持续的、相对稳定的形象。"

在 Instagram 上，章凝不会只照搬时装周拍的图片，那些具有杂志呈现效果的图片只会出现在她的个人博客上，因为"对于 Instagram 这样的社交分享平台，最重要的是什么是真实的、什么是现在发生的，这样人们会感觉他们跟随你实时旅行"。但这不代表对图片不需要做任何处理，章凝常用的图片编辑 APP 包括 Luminance 和 Snapseed（相当于"美图秀秀"）。

章凝一周运动五次，每次一小时；作为素食主义者，她晒出了自己的健康食谱。她打开时尚界大门的一个重要决定是去参加纽约时装周，自己承担了一半费用，另一半则由商学院项目赞助。那时她还不会开车。

可以说，章凝是有意识地将自己一步步塑造成一个强大的公众品牌的。通过独立、持续地提供富有个性的时尚价值，她掌握了大众传播最重要的前提：公信力。

一个网红，爆红一次不难，难的是一辈子红，不过气。

第五章　推星术：网络推手
打造网红的功夫

　　网红只是舞台上的演员，幕布背后实际上有着更加熟悉公众心理、媒体运作的网络推手。网络推手这个行业有着大致相同的工作方式：接案子、集体讨论、寻找要推出的"红人"及赞助企业、拟定大纲、实际操作。这种推星术已经渐渐成为一种事件营销的方式，被大众习惯和接受。然而炒作江湖里鱼龙混杂，只有真正懂营销、懂市场、懂传播、懂技术的网络推手公司才会更有前景。

网络推手及其特征

　　"网络推手"这个词，从字面上看是网络和推手组合而成的词，网络指的是互联网，而推手原来是太极拳的一个术语，指太极拳的双人徒手对抗练习，从南宋张三丰算起至今已有近千年历史。从 2005 年 10 月起，这两个词组合在一起，形成了一个新的词——网络推手，这是网络时代产生的众多新词汇之一，由于这个词很好地诠释了网络推广从业者的角色，迅速被媒体和公众传开，成为人们所熟知的一个词。网红离不开网络推手，他们让现实中的普通人以极快的速度红遍网络。把普通人在网络上炒红，只是网络推手工作的一部分。其中最主要的是对企业和产品的推广。

第一，什么是网络推手。

网络推手，是指借助网络媒介进行策划、实施并推动特定对象，使之产生影响力和知名度的人，对象包括企业、品牌、事件以及个人。点石网络推广引导网络推手正面健康发展，推出如西单女孩、中关村男孩、酱肘老爷子等一大批正能量网络红人。

网络推手有时也称为在线营销，擅长通过制造轰动（Creat Easensation），策划作秀（Publicity Stunt），让普通人迅速成名。

2008 年以前，网络推手主要是以个人工作室的形式零散存在，业务范围也局限在一个较小的范围，如今，网络推手行业从草根、粗放式的推广模式向集约、专业式的推广模式转变，涌现出一批专业的推手公司。从 2008 年开始，网络推手群体的特点已经发生了很大的变化，归纳起来有以下几点：一是井喷式的增长、高学历、IT 行业人才的逐步介入、低俗推广手段向艺术化过渡，2008 年以前的网络推手行业主要是由熟悉互联网、缺乏专业背景的草根网民组成，而 2008 年以后大型传统广告公司纷纷进入该行业或者开通该业务；二是软件代替人工、公司化、集团化、合作方式透明化、行业相关法律完善化、从业人员素质要求更高；三是从一线城市向二三线城市发展，初步形成了产业链雏形。

2009 年以前的网络推手绝大部分集中在北上广三地，而 2009 年以后网络推手公司在二三线城市也渐成气候，2009 年末央视曝光网络黑社会反而使大批网络推手爱好者涌进这个行业，让网络推手行业迅速洗牌。在未来，网络推手们将会面临淘汰阶段，鱼龙混杂的局面在不久的将来会消失，整个行业将会朝向规范化的道路发展。

第二，网络推手的特征。

网络推手通晓网络操作规则，熟谙大众接受心理，手握八方可用资源。在实务中具体表现出以下几个突出特点，如表 5 - 1 所示。

表 5 - 1　网络推手的特征

特征	含义
资本性	当前，网络推手正在形成一种产业，其背后有着巨大的资本市场。"网络推手是由资本主导的，有功利目的的上帖宣传，实质是商业资本介入互联网的一种网络营销模式。这是一种新的资本对网络空间介入的形式。"商业资本介入网络空间，即通过雇用人工在网上发帖、顶帖、转帖等信息投放传播来构建口碑，从而获取商业利益，他们既传播经过伪装的商业广告，也散布负面信息抹黑竞争对手。不管是删帖还是发帖，每个环节都有资本介入
隐蔽性	网络推手的运作是隐蔽的，通常是通过匿名的电子邮箱和 QQ 群等来组织受雇发帖人网络，受雇发帖人分布各地，隐蔽在浩如烟海的 QQ 群与论坛，一人可有多个网名（即马甲）在网络论坛或微博发布信息。凤姐、天仙妹妹、贾君鹏、优衣库、蓝翔等一系列网络事件和网络人物走红后，普通网民对于网络推手公司的关注度也越来越高，网络推手这个神秘的行业也慢慢由幕后走向了台前。因此，这种隐蔽性的特点现在已经不那么突出了

续表

特征	含义
组织性	网络推手是一种有策划、有组织、有目标、有营运模式的企业经营活动，制造与传播带有商业目的的网络信息。网络推手通常不只是一个人，而是组织严密的群体。最上游是推手公司，下游是类似网络的发帖人网络，最下面还有大量临时雇用的"网络水军"。他们一般是通过 QQ 群来交代任务、业务审核和薪酬结算
传播性	网络推手公司只需定位若干相关论坛，在一个特定的时间段，雇用大量发帖人大量投放某种特定的信息。只要具备了吸引眼球的因素，会以迅雷不及掩耳之势造成该信息大规模、大面积的传播
互动性	网络推手公司往往因某一事件的热议无形中与主流媒体（报纸、电视、广播等）有了交叉呼应而形成互动。首先，是网络推手公司和网络媒体的编辑、版主们之间丝丝缕缕的"人情关系"或"利益关系"；其次，由于商业利益的驱使，传统媒体也对网络疯狂追捧的热点积极跟风，其再一次的传播使得一些"炒作事件"的热度和广度迅速拓展和加强，形成更大的媒体传播效应，影响力从网上扩大到网下，形成了"网上一点事，传统媒体大热议"的现象。传统媒体的后续报道对网络推手的影响起到推波助澜的作用

网络推手是个新兴的行业，随着时代的发展，个人级别的网络推手将会逐渐消失，将来越多网络推手的服务客户也将以企业为主；只有真正懂营销、懂市场、懂传播、懂技术的网络推手公司才会更有前景，靠炒作个人为主的网络推手公司将会慢慢退出历史舞台。

网络推手的行业格局

网络推手这个行业是 2000 年以后才开始兴起的，现在正是网络推手摸索自己行业规范的初期阶段，目前初步已经形成行业格局，并在网络推广与传播上整体表现出势头强劲的特征。

第一，网络推手行业格局。

由于网络推手行业发展非常迅速，大量广告公司和网络公司纷纷进入该行业。于是，根据出身不同，网络推手分为三派：推手派、广告派和技术派，如表 5 - 2 所示。

表 5 - 2　网络推手的特征

格局	含义
推手派	又称为草根派，是最初的网络推手。其特点是对网络环境非常熟悉，深谙网民心理。自身往往是资深的互联网意见领袖，善于左右网络舆论，靠创意取胜
广告派	传统广告和公关出身，相对草根派能更多地整合线下媒体资源，并有专业的推广人才。缺点是在对互联网的熟悉和推动网络舆论的得心应手方面大大弱于草根派
技术派	此派多为此前的互联网推广公司，半路进入网络推手行业。善于利用软件进行推广，推崇技术和经验在推广中的作用。此派数量众多，但是在业内少有出类拔萃者

第二，网络推手推广与传播的特征。

网络推手的网络推广与传播表现出强劲的势头，具有五方面的特征，如表 5 - 3 所示。

表5-3 网络推手推广与传播的特征

推广与传播特征	含义
网络推手是星星之火	这是一个信息爆炸的时代，人们已经习惯在互联网上进行信息交流，而网络犹如浩瀚的宇宙般无边无际。当人们面对纷繁复杂的网络资源而无法取舍时，网络推手却以光速与国内外交流信息，在网民心中留下一点星星之火
网络推手是集束炸弹	当企业惊诧于热门话题的炒作，惊诧于网络推手公司对互联网热点的把握时，您是否会想到，网络推手的作用其实就是古龙大师书中的"嫁衣神功"。网络推手公司用自己的努力，让客户瞬间红遍网络，让客户利润最大化
网络推手是以柔克刚	网络热点有时需要以柔克刚，而网络推手就如同"太极拂穴手"，抓住关键点，引导网民，用四两之手来拨舆论的千斤之力
网络推手是"逍遥神掌"	"我自逍遥我自歌"，互联网追求的是一种洒脱的境界，网络推手犹如"逍遥神掌"般来去无踪，在无声无息之间传播企业信息
网络推手是灵丹妙药	互联网是一把"双刃剑"，好坏消息均可一夜之间席卷网络。而网络推手却犹如疗伤圣药般将网络对企业的负面伤害减至最低，让你的企业防患于未然

必须强调的是，网络推手的网络营销要在互联网中健康成长，首先，要解决面临的信任危机，一个企业要在网络上成功营销，不应该靠虚假舆论和新闻，网络推手作为企业网络营销的策划应该放眼企业的长远发展，发散思维，多花心思在创新和策略上。为企业赢得一个好的口碑，步步为营，助力企业发展。其次，网络推手不该完全摒弃传统营销的方法策略，既要推陈出新，也要借鉴传统营销策略的优势，与网络营销融为一体，青出于蓝。再次，要正确利用网络水军的力量，让网络水军不再是"托"，也不再是"黑"，集思广益，让网络水军成为企业营销的推广团队。最后，网络推手要不断总结网络营销的经验心得，在网络作为一个新事物的发展阶段，发挥优势，扩大影响力，成为新时代的推广专家。

网络推手操作方式

网络推手通晓网络操作规则，熟谙大众接受心理，非常善于策划、选择包装对象和炒作方式，是名副其实的网络"操盘手"。目前，网络推手已经形成一个完整的产业链条。网络推手公司与企业客户接洽好业务后，短时间内在各大网络社区进行推广发布大量的图文帖、视频帖，并将任务派发给下游的发帖员和顶帖员（也被业界称为网络水军），这中间产生了中介式的角色"发帖群"。产业链上游完成的是"创意、策划"工作；产业链中游的发帖群完成执行，为上游公司写帖、发帖、维护帖子，建立长年活跃的 ID 号，与知名博主建立联系、合作和沟通等服务关系；产业链下游的发帖员和顶帖员完成的是终端的体力活动。此外，网络推手团队还需要做好维护、监测及评估工作：首先要掌握受众对所发布信息的反馈，计算所投放帖子的点击量、回复量、转载量等，并将较好的信息筛选出来，继续投放。其次要保持事件的关注度。如果在推广过程中关注度下降，需要进行舆论维护，重新将事件炒热。最后，还要对所炒作事件进行效果评估，各推手公司都有自己的评判标准，但绝大部分都会看重转载量和点击量。

网络推手打造网红的典型例子之一是芙蓉姐姐。由于专业炒作团队介入进行商业化操作，芙蓉姐姐从原来的网络秀走向网络媒体，理所当然地，平面、电视等传统媒体也开始关注，让芙蓉姐姐从网上进入大众的现实生活中，一时之间，街知巷闻。大大小小的公司、媒体也开始和其接触，试图进行商业合作，她先是接拍了网络短剧《打劫》，随后又入围某演员角色海选，逐步走近娱乐圈。

芙蓉姐姐作为一个网络红人，完全是一个话题制造工具。她也是内地网红中名副其实的话题女王。这些话题的组成也多种多样。芙蓉姐姐从图文时代走来，从开始的只发图片到宽频时代发视频，这是发展的必然结果，也是炒作团队顺势而为的手段之一。网络红人之所以会红，一定是顺应了网民的需求，网民期望在互联网上看到新奇、刺激、异于寻常生活的新鲜事物。

从芙蓉姐姐自身来说，她具备一个网红应具备的几个重要素质，总的来说，有以下三个方面的特征：

（1）身材外貌"出众"。走红初期，芙蓉姐姐以不可比拟的"S"形身材著称于世，其肥硕的腰臀、大妈似的脸庞，招致骂声颇多，但芙蓉姐姐以超强的自信根本置网友骂声于不顾，并且将大秀"S"形作为其必杀技之一，博得了广泛的知名度。

（2）才艺展示雷死人。芙蓉姐姐那夸张的舞蹈动作和极不协调的身体姿势，相信不少网民记忆犹新。而且芙蓉姐姐还不停地展示其歌喉，除此之外，芙蓉姐姐还进军了影视圈，开始拍电影。虽然这些才艺展示都达不到专业标准，甚至根本上不了台面，但其还是以敢型敢秀的大胆精神赢得了较高的关注度。

（3）语不惊人死不休。芙蓉姐姐向来以"语不惊人死不休"闻名。语录一："这是一所工科院校，自然女生少得可怜。报到的第一天，就以我出众的外表和气质，轰动了这所只有两三千学生的小学校。整日被校内外大堆的男生进行情感上的攻击，我实在是受不了了。我都快要被这些狂蜂浪蝶们逼死了。我不能再这样下去，我要逃跑！"语录二："我那妖媚性感的外形和冰清玉洁的气质（以前同学评价我的原话）让我无论走到哪里都会被众人的目光无情地揪出来。我总是焦点……"无须再罗列语录三、语录四、语录五……芙蓉姐姐惊世骇俗的言论一次次地将网友的目光吸引过来，以至于最后形成一个良性循环，骂她有多狠，关注她就有多深。

有了三招必杀技，芙蓉姐姐理所当然地活跃在纷繁多变的互联网上，一批批网络红人火了又消失了，而她却一直维持着超高的人气，直到如今。

看到这里你会发现，日光之下，并无新事。这么多年了，网红们的玩法压根没有变，papi 酱似乎与芙蓉姐姐、凤姐等过气网红也没什么不同，只不过时代在变，网红们寄生的平台在变，网络推手的"推"法在变。

第一，网红炒作思路。

通过网络新闻、论坛、博客、QQ 群、搜索引擎、视频及平面媒体整体推广，网络公关与传统公关并驾齐驱。制作相关的策划，团队执行，引导舆论，从而达到推出新人或者企业产品的目的。

想成为网络推手，你可以这么操作：先发现有争议的人物（通常是敢说敢做的女性），联系对方并达成合作意愿后展开形象推广，再找知名写手发表有争议性话题的文章，吸引更多网友参战；当把话题"养"到差不多成熟时，就联络网站编辑、论坛版主制作专题，在数家大型网站上推广；之后会吸引众多传统媒体纷纷跟进，为他们推波助澜。

在炒作过程中，必须要保持适度的正反观点互驳才能引起网友自发地发帖、跟帖。对批判言论较多的负面人物，就会组织一些写手写些正面的文章，挺一挺他，转换一下话题，同时删除一些攻击性言论；而受追捧较多的，"会找点人来骂骂他"。让双方形成一种相持局面，然后在你来我往中持续制造热点话题，延续人物的曝光率。

第二，网红炒作参与者。

一个完整的炒作过程有几类人参与：被炒者、策划者、发布者（写手、网络编辑或社区版主）、传统媒体和网友。唯有普通网民被蒙在鼓里。网络编辑和版主们则是左右被炒作者曝光率的关键力量。

网络编辑们通过首页推荐、制作专题，网络版主加精、置顶、将标题漂色，就可以帮助网站社区炒作"提升流量、提升排名"；然后，传统媒体的接捧又将被炒者的网络关注转移到现实生活中，成为普通老百姓在街头巷尾的谈资。紧随而来的就是现实的经济效益——广告代言费和出场费。

在捧红一个人后，策划人有多种收益模式：一种是成为红人的经纪人，从其收入中直接分成，每次从签约合同中抽取包装费。据知情者说，包装费通常会达6位数，一般的抽成比例为7:3或5:5，策划人拿大头。网站和版主在整个包装过程一般分不到任何费用，除非事先谈好，个别网站也可从中抽取两成。还有直接将作品（包括红人）整体转卖给专业演艺公司，一次性获得一笔收入。或者成名后结束合作，这样的话虽然策划人并未直接从被炒作人处获取推广费等收入，但自己成名了，间接收入随之而来。

第三，网络推手的社区营销。

随着网络推手业务扩展到传统企业，新的社区营销概念也应运而生。所谓社区营销，是指通过包括 BBS 论坛、讨论组、聊天室、博客等形式在内的网上交流空间，展开的一种服务于企业的新兴营销方式。

全国大大小小从事网络社区营销的公司有上千家，它们存在的形式包括传统公关公司、广告公司、网络公关公司、网站社区、发帖公司等，专门为企业提供创意、事件营销、病毒式营销、网络危机公关等服务。有的规模还不足四五人，而规模较大的公司下面还涉及几十家各种供应商。全国各类从事社区营销的网络推手规模已达数百万人。

网络达人的网络推手中间人

网络推手中间人是伴随着草根达人的成名应运而生的，草根达人成为各大卫视争抢的目标，网络推手中间人就扮演了"中间人"的角色，负责达人的网络推广相关事宜。

第一，网络推手中间人牵线找"生源"。

网络推手中间人承担一部分挑选和培养选秀苗子的工作，也介入部分幕后推手的工作。他们不隶属于电视台，却与各个栏目有着千丝万缕的联系。

他们手中掌握了大批网络红人、草根达人的资源，然后向各种综艺节目"定向输出"。

随着各种选秀和真人秀节目的增多，竞争日益激烈，给达人中介带来市场。这是一笔"双赢"的生意：这些达人中介嗅觉很敏锐，是全国跑的，一般看到有草根在网上红了以后，就会把他签下来，像艺人一样。如果这些草根自己和电视台谈，一来不一定有门路，二来价格也比较低。而中介和电视台的关系好，知道哪些栏目需要什么样的人，会给他们很多演出的机会，还会帮助这些草根抬高身价。所以，草根也愿意被这些中介垄断。包括旭日阳刚，他们除了有经纪人之外，也有网络推手中间人在帮他们张罗上节目。

第二，苦情第一，才艺第二。

一般而言，中介会通过两种途径相中达人：一是通过网络，即中介组织会派专门人员每天关注网络红人，尤其是各大网络拍客们所上传的达人视频，一旦发现某人具有可塑价值，就立即联系；二是主动寻找，中介也会专门组织人"下乡"，走进偏远的山区去找达人能手。有时甚至出现达人自己变成了中介。

不管用什么途径挖人，都有着共同点，就是中介所相中的达人必须具有苦情的因素。"苦情是第一卖点，才艺是其次。"但某达人经纪人强调，这种蓄意包装，不是"达人中介"的专长。据悉，在大约10个组织里，只有两三个中介会提前包装达人，剩下七成多中介采取的都是"即时抢包"的路子。具体来说，这些中介会专门盯着各大卫视的选秀节目，某些自己报名的达人如果符合他们的条件，就会立即抛出橄榄枝，用所谓的经纪人身份给他们各种承诺，点燃达人们走专业明星道路的希望。所"抢包"的达人，苦情当然得是主打元素。

第三，收入二八分账。

有达人的地方，就有中介迅速集聚，因为嗅到了钱财气息。那么，能赚到多少中介费呢？中介走的是"薄利多销"的路子，手中一般拥有多个达人资源，可以轮番推介给电视台。上节目的次数越多，中介的收入就越高。一名达人中介的工作人员直言："之所以这么拼命地用达人，最根本的原因是达人和明星不同，他们的生命力是短暂的。因为达人卖的是悲情故事和才艺，而悲情故事是可消耗品，一旦观众熟悉并厌烦了，这个达人的路子也就完了。"于是，不断安排达人上节目，利用其有限的"艺术生命"来获得更多的利润，成为中介的核心运作模式。没有名气，看上去完全是"一锤子"买卖的达人，中介会采取买断方式，比如达人希望从电视台拿到 500 元劳务费，中介会提前先给达人，但日后电视台付的钱就直接落入中介的腰包了。

当然，草根达人的要价也不是相同的，他们多半是按才艺、经历、人气分的。如《中国梦想秀》首期节目播出的"鬼步女孩"周露等选手的一般出场费为 5000～10000 元不等；鸭脖子夫妇等既有才艺又有感人故事的为 15000 元起步；而盲女张玉霞、西单女孩这类在网络上有一定人气基础的才艺选手，若还有些心酸经历，开价最高，可以达到 30000 元，和二线艺人身价差不多。

曾在《中国达人秀》上有过良好成绩的残疾舞者马丽、翟孝伟的经纪人李先生坦言：经纪人拿八成，达人拿两成。不过由于马丽、翟孝伟严格意义上并不算是达人，两人成名很早，因此他们之间就不是二八分。但李先生手上的其他草根达人，就是二八分。

从虚拟人气到现实财富"软着陆"

当网络造星这种公共狂欢映射到现实生活中，善于捕捉热点的传统媒介也不甘寂寞地及时介入，使得这一追捧达到了高潮。网红顺利地实现了从虚拟人气到现实财富的"软着陆"，成为"货真价实"的明星。在出名和盈利双向效益的驱使下，越来越多的普通人选择走网络造星这条成名之路。

事实上，网络推手从虚拟人气到现实财富"软着陆"，明显分为两步走，首先是聚集虚拟人气，然后才能实现财富"软着陆"。下面我们就来看看这两个步骤是如何操作的。

第一，聚集虚拟人气。

为了能够有效地聚集虚拟人气，网络推手通常会采用以下三种方法，如表 5-4 所示。

表 5 - 4　网络推手聚集虚拟人气的方法

方法	实施细则
选对人	在选择人的时候通常有两大类型，一种是自己跳出来的，另一种是有引起大家讨论的特质。一般而言，不会去挑选那些外表特别出色的人来作为炒作对象，因为这样的人，大家虽然叫好，也会形成一定的名人效应，但难以形成讨论的话题，难以产生持久的人气。目前来看，网上炒红的这些个人，除了本身外表以及行为特征等都和大多数常人有一定区别外，最关键的是有无数人在评论他们
善传播	善传播就是使用正确的传播技巧。在开始"造星"时，就是完成图片的制作和发布后，推手们开始"网络炒作"，主要是去 BBS 发帖。在这个环节，看似时髦的 Web2.0 概念并不为推手所推崇。新浪就瞧不上博客，认为博客的互动性比较差。而在论坛里面，发一条帖几分钟、十几分钟就有很多回帖。当网络明星置身于 BBS 中时，平时默默无闻的网络编辑、网络版主是左右曝光率的关键力量。因此，如何让网络编辑、网络版主乐意跟着网络推手"推"是很深的一门功课。比如网络明星 ayawawa（啊呀娃娃）的经纪人张硕的经验就是，在这个眼球经济时代，照片是非常关键的。如今，他的部分工作就是图片管理，"主要是控制贴图的质量，哪些可以放，哪些不可以放"
做平衡	在具体传播程度上，要把握一个平衡。如果是一个相对负面的人物，批判的言论多了，网络推手就会组织一些写手，挺一挺他，引导一下话题，同时删除一些攻击性的言论。而像二月丫头这样的人，追捧的人相对会比较多，那么网络推手就会找点人来骂骂她，让双方形成一种相持的局面，你来我往，才能把时间持续长、有持续的热点、不断出故事。当然，即便是在网络上炒作，也一定要严格控制尺度

事实上，把普通人在网络上炒红，只是网络推手工作的一部分。如果推手希望将网络红人的注意力转化为"生产力"，产生经济效益，就要实现从虚拟人气到现实财富的"软着陆"。此时，推手们就要大大借力于忠实粉丝和传统媒体。

第二，现实财富"软着陆"。

在推手的眼中，这些狂热、忠实的粉丝，早已不是网络上默默的看客。

一群草根在网络上聚在一起有力量，在现实中同样有力量。有人曾花了40000元，注册了4000个天仙妹妹的商标，无偿送给天仙妹妹，其背后有几万个粉丝的支持，甚至有做义务工作的业务人员。他利用的网络工具是QQ群，给天仙妹妹建了很多群，诸如核心群、理事群、海外群等。

同时，传统媒体的作用也是非常关键的。网络的传播方式与传统媒体形成了非常好的互补互动，传统媒体经常从网络上抓取一些奇特的题材，网络的热点也能经常被传统媒体关注，从而为推手顺利"造星"铺平了道路。据ayawawa的推手张硕说，他的主要工作是联系传统媒体，联系杂志拍照、采访。

通过推手和粉丝们的努力，虚拟与现实世界连环结合，网络红人们纷纷成为"货真价实"的明星——有企业带着钱来找"推手"谈合作。其中索爱手机相中"天仙妹妹"就是典型例子。

索爱中国区副总裁、公关总监宁述勇"对网络红人是很关注的"。他认为，天仙妹妹清纯、清新、朴素、自然的美，赢得了千万青少年的喜爱，这与索爱三款入门级手机具有同样的性质，这是一个很好的契合点。天仙妹妹的招牌打出来之后，索爱在东莞曾出现过工人排队买手机的情况。最近，天仙妹妹又拍完一支品牌地砖的电视广告，并即将代言一支顶级汽车赛事活动的广告。

除了做形象代言人拍广告外，拍电影电视剧、出书出唱片、开发衍生产品等，也是网络红人和网络推手现实财富"软着陆"的生财之道。

网红的网络形象塑造

在经营淘宝店铺中，网红们的勤恳、颜值和身材是塑造网络形象的重要元素，学会如何与粉丝互动，抓住粉丝的消费需求心理，并让他们心甘情愿地为之买单，是互联网玩家更需要掌握的技能。因此，网络形象塑造对每一个网红来说都是至关重要的。

第一，从定位到内容再到流量。

网红也是品牌象征，一切只靠忽悠的品牌宣传的下场必然是"过街老鼠，人人喊打"，这也是人格化的特征。网红怎样打造个人形象品牌？最重要的是明白你自己是做什么的，这是个定位问题。比如说你是一个卖护肤品的，那定位就是美，在朋友圈分享的就应是自己的美，可以放一些自己的相片、美食、美景等美的东西，把自己的形象包装成一个女神，这样化妆品就会比较好卖。就是说要根据自己的产品类型和自己的性格、个性、爱好来塑造自己的形象。

做好定位，接下来就要致力于内容，写有价值的内容，写有实质的内容，创造很牛的内容！事实上，在"内容为王"的时代，只有有价值的内容才可以创造价值；内容是最好的流量集结地，对实质内容进行传播，就能创造价值。这个原理可以用简单的公式表示：内容 = IP 流量。

IP流量有四种来源：其一，抓住当下的热点，带动潮流趋势，以你为中心点。其二，在专注领域成为KOL（意见领袖）。其三，社群是流量聚合点。社群经济就是网红的圈子，天然的流量风口，每一个网红都要学会玩自己的社群，社群就是你的圈子，成为这个圈子领域的意见领袖。其四，一直强调内容，真正的内容得会自我引流，就是流量吸金器，你想要很牛的内容，你必须原创，原创就是你的功夫，把原创玩到极致，你的功夫就是"独孤九剑"。

第二，面对"内容"买单者，网红应该传递什么样的价值观。

据统计，16～30岁的年轻人占比达到20%，30～39岁和40～49岁各占比10%。简言之，"90后"占比达60%。而关注网红的人群里，70%为女性。但是这一数字在发生根本性的改变，接下来，男性也是网红买单者的主力军。

所谓"物以类聚，人以群分"，网红背后真正代表的是另一类特质人群的认同感和归属感、身份标签符号，网红做出来的任何事（内容）都体现出这一族群想要的价值观。这一代有标签的网红更强调自制内容，贴近生活真实个性风格，直接戳中年轻群体的自我个性炫耀，释放自己，以满足娱乐视频及原创内容的纯粹需求，也更注重在社交平台上与粉丝发生强关系互动。所以在这个"内容为王"的时代，网红将面对一场重大的洗牌大战，这是一场自我竞争的游戏。面对自己的买单者，无内容者败，有内容者胜！

第三，网红打造网络形象的四大秘密武器。

把自己打造成才华横溢型的网红，从而拥有良好网络形象，需要四大秘密武器，如表 5 – 5 所示。

表 5 – 5　网红打造网络形象的四大秘密武器

事 项	内 容
要专注	专注你最擅长的领域，形成独有的风格，让粉丝迷恋你，不断提升垂直内容的生产创新力
懂传播	学会传播自己，深化垂直渠道的传播和宣传推广能力。要在各种社交平台输出，让各个社交平台的用户喜欢你，喜欢你的风格，推荐你的内容
正能量	一个成熟的网红一定会走正能量路线。事实上，你的人格及你的做事态度影响你身边的人，也将影响一群尊重你的人
稀缺性	知乎上有一句经典台词：如果每个人都理解你，觉得你和大众没有什么区别，你得普通成什么样？所以你不需要大众理解你，你是稀缺，独一无二的，你要成为大众群体中最稀缺的人

　　人各有志，只要做出好的内容，哪一种方式都无法阻挡你想当网红的梦想。但我们真心希望你不要昙花一现，沉淀自我价值的话，首选肯定是才华横溢型的网红，这样你才可以成为网红中的"独角兽"。

第六章　指迷津：网红社群化营销三大要素

网红的成功其实是粉丝经营的成功。在粉丝经济中，除了网红，曾经的博客大 V 还有雷军的小米手机做得比较成功，但他们的成功是很难复制的。今天，上千家的网红店铺，才算得上大众的社群化营销。事实上，网红店铺的粉丝营销，如果从社群化营销的角度来分析，成功者无不具备这样三个要素：社群化营销要娱乐化；社群化营销必要专注；社群化营销必要塑造品牌。

要素一：社群化营销要娱乐化

营销娱乐化，需要营销者用亲和的方式，与粉丝、与用户形成互动；同时，通过天然具有娱乐细胞的明星代言，可以获得粉丝的忠诚。网红本身就有很强的娱乐性，这种娱乐是一种对美的追求和向往，就像一个美女从大街上走过会有超高的回头率一样，穿着为网红量身打造的衣服的时候，也会在无形中有"高回头率"的幻觉，虽然未必能够获得，那种感觉却是有的！

娱乐营销的本质是一种感性营销，是通过感性共鸣从而引发客户购买行为。这种迂回策略更符合中国的文化，至少比较含蓄，不是那种赤裸裸的交易行为。在中国的市场营销，从来都是软广告的效果更好，更有效。"所有行业都是娱乐业"需要注入所有的决策者和营销人的大脑。如果不能和消费者玩起来，让消费者"嗨"起来，将很难捕获消费者的芳心。娱乐营销就是品牌的秀场，娱乐的元素与一个品牌在市场上的活跃度、时尚度、年轻度等都紧密相关。那么，网红的社群化营销娱乐化有哪些做法能够学习借鉴呢？下面就来看看。

第一，内容制造的娱乐热点。

调查显示，今天的中国消费者，平均每人关心四种以上的娱乐资讯。娱乐内容对于更多的人而言，是当前社会压力下的"消遣"型消费，而且，消费者在接触娱乐信息的时候，心情较为放松，因此，更容易接受品牌的信息。过去，很多娱乐的内容都是由媒体平台主导创造的，但是，今天这个角色正在发生变化，品牌化的娱乐内容将崛起。

在互联网时代，品牌已经不再是那个冰冷的、高高在上的，仅搭乘娱乐媒体平台出现的形象，而是有亲和力、有内容的，能够让更多的消费者关注的人格化的载体，因此，品牌需要创造可供消费者娱乐的内容，从娱乐的角度挖掘品牌的内涵，才能赢得更多消费者的青睐。

第二，娱乐营销的"1 + N"整合。

有人认为娱乐营销就是做个冠名、植入或者做个活动、做场发布会，实际上，这种单一的娱乐传播时代已经结束。单纯影视娱乐节目的赞助植入，单是一个背景板、角标、口播广告，还是一个单向的传播，已经很难影响"80 后"、"85 后"和"90 后"，因为这些年轻人接受新事物的频次更高，更多希望参与到娱乐过程中，希望在网上做内容的互动。因此，娱乐营销应该是一个"1＋N"的营销过程。

"1＋N"的营销，即话题的引爆本身要经历一个"发酵"的过程，然后选择一个娱乐平台进行合作，不管是冠名还是植入，一定要想办法用更多的渠道和模式将其放大。为此，需要整合调动自己的可支配资源，将一定产品推广的全年周期全部围绕着该娱乐事件进行，分阶段进行线上、线下全覆盖，将一个短期的娱乐事件放大、深化、拉长，才能收到效果。

加多宝冠名《中国好声音》，就在赞助之外，通过"唱饮加多宝，直通中国好声音"主题活动、红罐促销装、红罐随手拍、绕口令大赛、向正宗致敬系列海报、微信好声音等一系列活动将其进行了放大，从而让娱乐本身的资源得到了放大。

第三，娱乐内容的衍生拓展。

娱乐营销不能虎头蛇尾，而是要精雕细琢，重点是娱乐资源的衍生价值开发，这种价值可以是主题文化产品，也可以是品牌联合定制产品。

2014 年 7 月，日本大阪的环球影城宣布，他们建设的全球第二家哈利·波特主题公园开门营业，从电影到电游再到玩具、食品、服装、文具，甚至哈利·波特主题公园、主题旅游，哈利·波特这块"魔法蛋糕"已形成一个庞大的产业链，带来的经济效应已远超过电影票房本身，而且这个产业链还在不断地延伸、丰富。在湖南卫视的收入中，内容衍生带来的收入远远大于广告的收入。

第四，娱乐内容和场景的电商化。

互联网和电子商务在冲击和改造着诸多传统行业，同样与娱乐产业有许多连接。

2015年视频电商爆发，国内最大的互联网电视服务提供商优朋普乐，提出了TV电商布局，比如，当受众在看好莱坞大片《变形金刚》的时候，如果家中有个4岁的儿子指着屏幕中的"大黄蜂"吵着要买玩具汽车，就可以通过遥控器切换到TV电商平台，选中商品，进行在线支付，然后迅速完成购买。这是视频娱乐营销3.0时代的场景。

第五，娱乐营销的社群时代。

营销现在已经进入产品即内容、内容即广告的时代，营销要多站在个性化的消费者角度，好产品与优质的娱乐内容都是活生生的广告，没有娱乐内容构建的亲密关系，就没有品牌的鲜活。

娱乐内容本身也是价值观的表现，比如有的人喜欢看韩寒的书，有的人喜欢看郭敬明的书，有的人喜欢高晓松，有的人喜欢王石……人以群分，内容可以分出人的族群，从而带来娱乐的营销价值。比如，2014年暑期档最领风骚的都是粉丝经济和内容族群的代表：郭敬明、韩寒、邓超、筷子兄弟，他们均非电影导演出身，而是从作家、演员、歌手、网络短片导演转行而来，且大部分都是"80后"，《分手大师》、《后会无期》、《小时代3》票房均超过 5 亿元，有效变现了粉丝效应，使得中国传统的导演中心制走向终结。

这就不难理解为什么豆瓣是一家很慢却有高黏性的平台，因为豆瓣聚集了大量的以内容聚合的用户。知乎等知识社区的崛起，包括"90 后"创办的"节操精选"的流行，也在说明内容社群未来比所谓的吃吃喝喝或者依靠利益捆绑的粉丝更有持续性。对于娱乐营销而言，从娱乐内容到娱乐社群，品牌构筑以娱乐为主线的社群，提供娱乐消费者参与的机会，才能让娱乐营销深入人心并不断刷新内容。

第六，大数据时代的娱乐经济。

2013 年被称为"大数据元年"。从未来看，在娱乐营销中，通过网络搜索、视频播放、日志评论等海量数据，可以知道全国各地区、年龄、职业的观众群体情况，从而可以进行针对性营销。

当然，目前大数据的应用还不够充分，但是在娱乐消费者集中的互联网、线下院线、互联网电视、移动互联网等平台上，大数据可以帮助娱乐营销更加精细化和精准化。

总之，在今天这个娱乐的时代，网红不能只是站在自己的角度说话办事，而应该学会适应娱乐的语境，与用户一起娱乐，让用户参与到品牌的娱乐中，学会娱乐营销，让娱乐营销衍生出更多的传播内容和介质，才是娱乐营销需要思考的未来。无娱乐，不营销，越娱乐，越畅销！

要素二：社群化营销必须专注

很多人不太理解小米的专注，一方面，小米打出的核心概念就是手机；另一方面，小米切入了包括空气净化器在内的很多领域，到底是专注还是不专注？应该说企业家做决策时可能不会在这么量化的概念上纠结，"专注"的定义是需要被赋予的，小米专注于社群营造的品牌，然后在社群中建立产品的护城河，最大限度地释放了品牌的势能。从这个角度看，小米和 BAT 的打法不太一样，它更专注于社群价值的挖掘，而社群比用户概念更广。

网红怎么定义专注？事实上，粉丝经济需要一个关注点，而天生丽质、身材婀娜的网红们，几乎一进入公众视野就有很强的眼球效应，凭借自身的年轻美貌就可以吸引大把粉丝，这是其他社群化营销所不具有的优势。同时，社群化营销要量身打造，而量身打造本身就需要格外专注。具体来说，网红的专注，就是要集中精力，投入情感，否则心不在焉，毫无感觉，谈不上专注。因此在这里，要对情感营销形成一个全面深入的认识。那么什么是情感营销？分解如下。

第一，"情" —— 建立情感连接。

腾讯对朋友圈的定义是"连接一切"，意思就是促进朋友之间的情感连接。你可以看看大家都在朋友圈做什么？晒工作、晒生活、晒个性、晒兴趣爱好，让远在他乡的朋友也能了解自己的动态，拉近彼此的关系。所以推广人先要形成一个观念，要把朋友圈真正看成朋友圈。凡在圈中，皆是朋友，要沟通、交流、关心、点赞、评论、解答，建立你和朋友的情感连接。

第二，"感"——传递正能量。

朋友圈的交易，信任是基础，要建立信任，先要树立别人对你的好印象。用时下流行的词叫"个人品牌"。如何树立？展现自己的正能量，比如积极乐观的生活状态，亲和守信的做事风格，较高的解决问题的能力，对他人的影响力也就是你的人格魅力等。

第三，"营"——积累情感需要过程。

营就是经营，即朋友之间的情感建立是一个积累的过程，发个产品图就想有人自动下单，在朋友圈是行不通的。

第四，"销"——给客户最需要的。

销就是销售，这是推广最关心的一步，却也是最不重要的一步。因为前面三步做好了，无论品牌传播还是产品用户付费率的转化，线上推广的效果自然而然就好了。推广切忌强推，甚至有时候我们应该给朋友提供其他产品的选择，但要暗示客户选择你的服务，才是最佳服务。

要素三：社群化营销必须塑造品牌

网红是由"美丽"引发的注意力经济，而对于个人来说，只有在品牌的引导下才能将自己的美丽特质发挥到最大。同时，网红作为社群化营销的成功模式，只有最终用户形成品牌或者实现了品牌推广才是社群化营销的最终目的！

第一，品牌营销法则之社群策略。

社群策略就是借助通信技术和市场全球化、扁平化的趋势，用品牌核心理念把分散的意见领袖和发烧友凝聚起来，通过社群活动促进成员对品牌的忠诚，并影响更多的消费者加入。品牌通过构建社群，引导、组织发起那些满足成员社交需求的活动，让他们成为品牌理念、精神和故事最生动的演员，成为品牌与消费者沟通的一个焦点舞台，从而将消费者与品牌凝聚为一体。

哈雷以一张遍布世界的"社群"巨网，牢牢地维系哈雷车迷的狂热。哈雷取得成功，主要归功于它的"品牌社群"——哈雷车友会（HOG）。这是一群热爱哈雷的消费者，他们因为相同的生活方式和行为方式，因为对哈雷品牌精神的崇尚而凝聚在一起。哈雷的车友会通过一年一度的庆祝活动以及哈雷大奖赛、骑行计划平台、哈雷故事会等一系列活动，持续满足着超过

150万车主们分享激情和展示自豪的渴望。对哈雷车主来说，他们不只是购买了一部昂贵的摩托车，他们还成了一个集体的一员，这个集体由超越社会和经济阶层的性格特质与共有的价值体系联系在一起，哈雷向人们承诺了古老西式的自由，还有通向无拘无束的未来道路，它大大迎合了每个人内心深处的放荡不羁与叛逆，从而与世界上最多样化的顾客群体成功地建立了牢固的情感纽带。

在今天这个纷乱嘈杂的世界，人人都渴盼归属感，这也就是社群策略存在的理由与价值。可惜的是，尽管许多公司都渴望从强大的品牌社群中获取顾客忠诚、营销效率和品牌信誉，却鲜有公司知道到底怎样做才能得到这些好处。其实，只要企业能以正确的心态和技巧应用社群策略，就会形成一种强有力的战略。强大的品牌社群能赢得消费者忠诚，降低营销成本，增强消费者对品牌的信任，并产生大量促进业务发展的创意。

第二，社群化营销塑造品牌的三个关键词。

品牌用好社群有三个关键词，一个叫密集，一个叫亲近，第三个叫时长。其实，这也就是社群化营销塑造品牌的三个关键词。

所谓密集，比如探路者，要想在社群中间更好地去寻找目标用户，就要密集地对这个社群进行广告投放或者活动策划，要密集地与现在已有的社群进行交互，这样把社群中间与探路者相符合的用户或者粉丝给筛选出来。当品牌发展用户的时候，非常重要的是把目标用户筛选出来。还以探路者为例，这个品牌的关键词往往适合户外人群、旅游人群、商务人群等，当你找到一个关键词相匹配的社群的时候，比如商务人群，要密集地去跟这个人群进行交互。总之，把每个社群中符合你的产品与服务调性的人群筛选出来，这样就可能成为消费者心目中的品牌第一选择。

所谓亲近，就是跟粉丝社群用户的关系是一种君子关系，即像"君子之交淡如水"。不要过度地骚扰用户，你需要去跟用户进行交流、沟通的时候，你就跟他去沟通、交流，但是不要过度地给用户过多的信息，当然不断推送广告、促销信息也不是君子所为。

所谓时长，就是尽可能地让你的用户、你的粉丝在你的平台上消耗更多的时间，这就需要你设计出各种好玩的活动、玩法来运作。用户在你的平台上逗留的时间越长、对你的品牌产生话题越多，表明他对你的忠诚度越高。

第七章 解秘诀：如何成为一名能赚钱的网红

有媒体称，当前部分网红的赚钱能力不逊于一线影视明星。更有人预言，以后整个社会就是围绕着几十万上百万个网红进行产业重构，网红赚钱方式将会不断创新。网红经济如此火爆，如何成为一名能赚钱的网红？研究发现，这样几件事必须做好：最好具备符合大众审美的高颜值；背靠网红经纪公司；将网店客户转化为粉丝；用网红思维运行淘宝店；选择适合自己的变现路径。

长得好看，事半功倍

长得好看的网红就是所谓的颜值网红。所谓颜值，顾名思义，长得漂亮，身材好。颜值高，必然有事半功倍的效果。为什么说颜值高的网红就事半功倍呢？举两个例子：其一，隔壁老王家的猪肉最近卖得不好，把老王愁病了，就换了女儿去摆摊。结果小区里的大妈都夸自己的儿子懂事了，老往家里买猪肉，冰箱里都放不下了。事情证明，同样的事，不同的人做，会有不一样的结果！形象好，摆摊同样赚大钱！其二，冬运会的冰壶赛场上，白山队对阵上海队。在央视直播本场比赛的过程中，白山队三垒，李博雅笑容甜美，五官清秀，很有奶茶妹妹的气质，抢镜颇多。网友用手机抓拍了电视的直播画面，并在微博上晒出了她的美照。网友纷纷感叹"太美了"、"冰壶女神"。

不可否认，这是一个看脸的世界！而网友看网红最基本的就是看脸，看你的年轻，看你的美丽。如果可以选择美，谁还愿意丑呢？优雅的谈吐、苗条的身材、精致的五官，当然还需一张水嫩白皙的脸。有了漂亮的脸庞，做什么都得心应手！

第一，高颜值网红卖的是一种"偶像的生活方式"。

萌、逗比、卡哇伊、御姐……高颜值网红们努力塑造自己，输出"美好、乐观"的自我形象，青春、生活状态，知性、逗比或者不羁，不管怎样，总有一款适合粉丝。这种付钱购买标准化生产的"偶像"光圈，毫无疑问，简单、高效、速食。

陈小颖卖给粉丝的是被风景、诗歌包装好的衣服。她的淘宝服装店平均每个月上一次新品，店里所有新品的照片都是她在旅行中拍的，埃菲尔铁塔、西班牙海景都是背景。她会为自己的照片配上一些诗歌，比如北岛的诗句：那时候我们有梦，关于文学，关于爱情……

"我天生对美的、有艺术感的东西特别着迷，从小就特别喜欢音乐，喜欢弹钢琴，喜欢肖邦的作品，喜欢读拜伦、王尔德、莎士比亚的诗等。"陈小颖直言，"上帝赐予我美好的生命，就是要我们寻找它的意义和价值，不要被金钱冲昏了头脑，我只想做自己喜欢做的事情，创造出来的东西得到我该有的回报就够了，完全是为了梦想这个出发点。"

这个漂亮的姑娘执着地认为，如果她没有开店没有Jupiter，也一样会出国旅行，增长知识，扩展眼界，不停寻找灵感和生命感悟。她说，一家店、一家有灵魂的店，不仅在品质方面要求苛刻，而且在某种意义上也代表着一部分人群幻想里的世界，"我觉得我们Jupiter法式新优雅销售的不仅仅是衣服的本身，而是远超于这个衣服价值，对优雅的理解，生活的态度以及自信！这也是为什么我们店要取名法式新优雅"。

陈小颖直言，她跟其他网红不一样，"我比较喜欢和粉丝保持一定的距离，有时候我也会在微淘回复一些留言。我不会刻意地留住粉丝，因为我觉得喜欢你欣赏你的人自然会留下"。

陈小颖强调，"我销售的是一种情怀，一种生活方式或者说是一种生活态度，我会把自己脑海中的想法设计成衣服，然后带到我脑海中的场景拍摄，希望能做出自己的品牌"。也许正因为她的态度，陈小颖的粉丝大多比较冷静，极少评论，都是默默点赞，待新品出货，再默默买衣服。

这种商业式的思维，也印证了许多网红的说法，即他们提供的是一种理想的生活方式。

第二，高颜值网红让粉丝觉得比电影真实。

高颜值网红是粉丝追随的偶像的影子，但很多网红认为，要吸引粉丝买单，就要有个人魅力，有自己的喜好、独特的主张，不能是千篇一律的邻家妹妹，必须个性鲜明，喜欢她们的人非常喜欢，不喜欢她们的人也有微词。

正能量、亲和力，以前模特喜欢摆拍，现在是从上到下的 45 度自拍，因为这种视角真实，其实四大时装发布周对普通人来说，距离太远，大众甚少关注，红人则可以把时尚的东西以温暖的方式，第一时间传递给消费者。

对于粉丝们而言，网红并不是一个传统的偶像，更像自己的一个朋友。比如，有的粉丝除了交流日常穿衣搭配体验以外，还会把自己的学习成绩单私信给心中的偶像（网红），或者跟偶像分享求职面试的经历。

粉丝之所以买账，是因为他们在网红的生活里找到了自己向往的影子，他们觉得这比电影真实。

第三，高颜值网红收入惊人。

网红是在社会转型中，"互联网＋"下应运而生、新媒体环境下一跃而红的"新职业"。他们大多数颜值高，善于表达，出身草根，拥有基数庞大的"粉丝群"，他们搭着新媒体的列车，借助美颜、短视频、微博……乘风破浪，席卷数百万粉丝。他们的收入是一个谜，也是一个诱惑，他们促成了"网红经济"的诞生和火爆。

网红也是需要吃饭的，所以网红最完美的结局就是可以顺利变现。网红的变现方式其实和各大视频网站没什么不同，卖版权（与平台签约）、植入广告、电商（开淘宝店）。用知名度为网店导流是现在网红最擅长的变现方式之一。还有一种网红变现的形式就是通过接一些商业广告，按条收费，名气大的一两万元一条，名气小的就只能以千为单位了，另外，比较大的网红也会接一些代言广告。随着网红的发展与壮大，以后有些网红有可能会走小明星路线，与演艺公司签约出道，走上明星之路。至于网红走小明星路线能有多少收入，那就要看他们自己的造化了。

总体来看，一线网红通过开网店能够获得相当高的收入，二三线网红通过努力年收入也能达到百万元、上千万元。但是一分钱也拿不到的网红也大有人在。这说明，对于任何行业，能站在金字塔塔尖俯视众生的人都是少数，网红也不例外。

当然，网红不仅要高颜值、好身材，还有会穿衣、会搭配或者会化妆等，总之是在某个特定领域有一定成就。高颜值只是基础，网红能够红起来，除了漂亮之外，和他们的勤奋有关系，更和他们的自身素质有关。其实你可以把网红看成一个KOL（意见领袖），他们做的事情就是审美输出，把自己的穿衣风格分享给大家。所以，一个成功的网红一定有自己的品位和鲜明的风格。

背靠公司好乘凉

网红孵化公司会对网红在化妆、形体、言语、肢体动作、自我营销等方面进行专业的培训和包装，让网红符合基本的"规格"，并制定可行的盈利方案。在这种模式下，网红可以快速红起来，并获得可观的经济收入。

第一，每个网红背后都有一条流水线。

在这个工业化的时代，网红是可复制的，他们可以被放到流水线上生产出来。于是网红孵化公司应运而生。用《中国新闻周刊》一篇报道的话概括："网红的商业价值，已经不只'看脸'这么简单，他们并不只是躲在相机和美图软件背后负责'颜值'的模特，一套商业逻辑正在将网红经济打造成完整的产业链。"这是孵化公司的第一个好处——专业化和产业化。

另一个好处是，他们会帮你炒作。虽然网红层出不穷，但靠天时地利一夜爆红的是极少数，绝大多数想走红还得靠公司经营和炒作。比如，曾走红一时的《我的滑板鞋》就是水军的成果。

据人物杂志报道，2015 年北京华数唱片公司耗资百万元，动用 6 名企宣，24 小时 3 班倒，买关键词搜索，请大 V 写段子造势，最终将庞麦郎这样一个具有魔性嗓音的陕西农民炒得红遍全中国。再比如不久前在微博走红的 Sunshine 组合，最初也是网红娱八婆炒出来的，"在发布这条引发关注的微博前，Sunshine 每个成员都已经纠缠我很久，每天都在微博私信说自己不怕攻击不怕黑就是想红"。总而言之，基本没有无缘无故的网红，其背后都有资本的双手在运作。

第二，优质网红是"香饽饽"。

作为孵化公司的核心竞争力，优质网红一向是被争夺的对象。

　　网红店铺起家的孵化公司 Lin 家的老板曾想签约一对被称为"网红鼻祖"的姐妹花，找中间人约着聊了两次，但是对方"狮子大开口，要我们付 1 亿元签约费，少一分都不行"。Lin 家老板估计那对姐妹花已经和其他更中意的孵化公司谈，要这个价格只是为了让 Lin 家知难而退。不久之后，那对姐妹花果真签了业内另一家规模更大的公司。不过，签约并不意味着就可以长期合作，一些孵化公司内部还设有淘汰机制。比如，Lin 家曾签约了一个在电商领域知名度和影响力都非常大的网红，但是对方在淘宝上开的新店收益并不理想，私下向公司提出刷单的要求，被 Lin 家拒绝了，最后双方只能终止合同关系。

　　粉丝变现能力弱和缺少主见的网红也可能会被淘汰。因此，签约后的网红对自己的产品要有清晰的定位，不能觉得卖什么都可以，这样到后期只会拖垮流程。淘汰的另一个原因是成本。某孵化公司曾签约一个知名度一般的网红，至少需要配置一个 10 人的专属团队，包括服装设计、客服、社交账号运营等一系列工作人员，投入的资金高达百万元。结果在实践当中网红的吸金能力低于团队成本，只好终止合作。

　　微博、微信等社交媒体是网红维系与粉丝黏性、推广产品的重要平台。网红一旦和孵化公司签约，个人社交账号将交给公司团队来打理。孵化公司都有专门的微博运营团队，他们需要负责的事情就是把微博的文字部分全部处理好后交给网红，让网红发在微博上，有时团队会直接帮网红发布。当然，网红也可以按照自己的喜好在微博上发一些内容，但要经过运营团队的审核。

　　网红的微博内容无外乎日常生活和服装展示，形式以图片为主，有很强的指向性和针对性。生活日常旨在张扬个性、提高亲和力，如果主打的标签是女神范，那么她平日展现出来的形象都围绕这个关键词。服装展示则着重每次上新前的推广，包括新品、选品的"剧透"以及工作细节的花絮。这些内容生产都由孵化公司的团队支持并称之为"剧本"。

总之，网红孵化公司的兴起，彰显了一股新的经济力量。网红背靠公司好乘凉，凭借自己的美貌，消费粉丝；孵化公司则靠着强大的整合能力和流水线作业，帮助网红们在这条路上越走越远，同时也从中分得一杯羹。

开个淘宝店，将顾客变为粉丝

表面上看，网红赚的似乎与其他皇冠卖家差不多，但红人模式要比普通人模式具有更强的竞争力。数以亿计的销售额背后，是社交媒体上百万量级的粉丝。如何把美丽这样有时限的资本更好地变现呢？开淘宝店无疑是最快最直接的办法。红人模式的主要竞争力表现在：选款能力强（时尚度高，市场反应快）、测款成本低（库存低，利润高）、推广成本低（自有流量，不依赖活动，且粉丝忠诚度高）。

网红淘宝店的成功显然是离不开众多粉丝的，要成为淘宝网红，就要有足够数量的粉丝，所以要开始发展粉丝。将网红的影响力变为粉丝的购买力，实现这个购买力的最大化显然需要技巧和手段。

第一，看准粉丝市场，选择适合的产品是极其重要的因素。

网红们的淘宝店大多选择卖服装类产品，其中有代表性的就是网红雪梨的"钱夫人"。据统计，服装类产品的销量一直排在淘宝前三。服装类产品是生活必需品，需求量大，利润高。而一些网红游戏主播在卖服装的同时也会卖游戏外设（键盘鼠标等）和零食，也是抓准了粉丝的需求，这类产品也是利润大、销量高。另外，网红淘宝店的服装类产品价格多在 300 元，而统计显示淘宝销售量最大的服装价格在 100~300 元。卖游戏外设的网红店里，一般的键盘价格不会超过 200 元，机械键盘价格不会超过 500 元，零食店里最畅销的肉松饼也是 1 元多一个。

粉丝的购买力是网红淘宝店的最核心竞争力。选择的商品符合粉丝需求、定价在粉丝的消费能力内是网红淘宝店成功的必要条件。

第二，定制。

"定制"这一词在近几年似乎相当火热。说到定制，就不能不提小米的"饥饿定制"让小米立刻占据了国内手机市场的巨大份额。然而机智的网红们早已学会这些伎俩。一件普通的衣服如果让网红当模特，再加上"独家定制"几字，立刻不同凡响。这从销量上就可以很清楚地看出来。某些游戏主播的外设店也会拿出一款键盘或者鼠标，标上"××定制版"，销量也会比一般键盘或者鼠标高上许多。事实上，这还是抓住了现代人尤其是年轻一代张扬个性的特点，满足年轻人的个性需求。但当我们想得更多就会发现这样一个问题，为什么其他淘宝店的"独家定制"销售成绩不如网红们的"独家定制"好？这不单单是影响力的问题，还涉及一种叫作"积极的平民主义"的心理。

什么是"积极的平民主义"？举个不太恰当的例子：当屌丝发现一个富二代、白富美开着豪车、拎着名包，会觉得自己和富二代、白富美差距太大。然而当有一天屌丝发现富二代、白富美们也像自己一样，穿着淘宝上几百元的衣服，和自己一样吃着路边小摊，这时虽然对方仍然是富二代、白富美，但屌丝会觉得自己和他们没什么区别。所谓"积极的平民主义"其实就是一种给普通人或者穷人的暗示：人家这么有钱，不也和我穿的一样、吃的一样。讽刺的是，在有一部分人先富起来、贫富差距日益拉开的中国，这种暗示却恰恰能够顺应社会潮流，满足大部分人心灵深处的渴望与企盼。

网红们显然深谙此道，他们会穿上一件普通的衣服，然后拍些漂亮的照片发布到微博或者微信上。然后告诉你这件衣服是他或她的私人定制版，原版其实是很贵的，但是现在换种面料做出来和原版一样的衣服，不到300元就可以买到，穿上它就可以美美哒、帅帅哒。于是你忍不住买这件衣服，然后穿上它出去逛一圈，拍几张自拍，觉得自己除了没有名包、豪车、存款外，和网红并没有什么区别。显然，抓住这种心理是为网红淘宝店带来金钱的重要法宝。

第三，团队的运营和销售模式的创新。

一些成功的网红背后往往有一个成熟的团队。像网红雪梨的"钱夫人"背后就有一个超过50人的团队负责店面的日常运营以及推广。当然需要说明的是，网红淘宝店大体分为"创业型"和"代言型"。"创业型"顾名思义即网红将淘宝店视为自己的事业，店里的事务也会亲力亲为，网店盈亏自负。像知名《英雄联盟》主播小苍的淘宝店就是这样。"代言型"就是网红和某些公司签订协议，只负责在社交媒体上宣传以及当模特，其他全部交给其他人打理，收入分成。大部分《英雄联盟》解说和某些模特网红的淘宝店是"代言型"。当然这两种模式都离不开团队的力量。

在销售模式上，以服装店为例，常规模式一般为：选款—上新—平销—商业流量—折扣，而网红模式则为：出样衣拍美照—粉丝评论反馈—挑选受欢迎的款式打版、投产—正式上架淘宝店。在有现成面料的情况下，这个周期只需要一个星期左右，粉丝就可以穿上网红同款，极快地满足了粉丝需求。时尚度高、市场反应快是网红店的一大优势。而且上面提到的"定制"一般是先钱后货，这样有助于店主掌握需求量，计划生产，减少库存积压，降低成本，加快资金流转。

第四，提供三个技巧。

（1）在零起点的基础上，需要先买一些粉丝，但注意不要太多，免得后期影响活跃度。

（2）持续在微信、微博等一系列社交平台发布自己的照片或一系列美文，或谈谈自己的穿衣经验，或分享搭配技巧，或是配着美图的心灵鸡汤等来吸引更多粉丝，引起情感上的认同和共鸣。

（3）找大 V 扶持你，努力混入淘宝网红圈，和他们多点互动；重点是一定要让大家知道你们的互动，再时不时地由网红团队顶上微博头条。

经营淘宝店，你得懂网红思维

所谓网红思维，就是运用自媒体，将企业家或运营商本人打造成本区域或本行业的权威或有影响力的红人。互联网策划的核心还是内容，而不是营销。网红思维经济推荐内容的方式，除了可以降低用户对兴趣内容获取的时间成本之外，还能为内容创作者在短时间内累积大量的活跃粉丝。网红要想经营好淘宝店，需要新的思维方式的指引，这就是网红思维。在经营过程中，网红必须要使产品与网红的自身身份相关，要学会刺激别人分享。这是以网红思维经营淘宝店的两个重点。

第一，网红要与产品相关。

移动互联网时代也是内容时代。好的内容可以聚集人气，也就是可以聚集流量。而对于互联网营销来说，有了流量才谈得上转化。所以，找到和自己产品匹配的内容是关键。

比如，做手机的就看看小米，建个自己的社区，召集一批刷机的发烧友，通过引导他们自发地创造和分享手机的相关内容，从而把流量做大，接着再做转化。而小米的网红正是社区里的第一批"手机发烧友"。

再比如，做跨境电商的可以看小红书，让很多身在海外的用户主动分享自己买到的好东西，让身在国内的用户看着眼馋，产生"想要"的冲动，然后再建立跨境电商的商城，转化不就来了么？小红书的网红则是那些身在海外、分享购物的用户。

在网红思维做营销的过程中，产品是道具，是配角，绝不能抢了主角的风头。作为网红，你要做的就是挖空心思地去想象你的网红身份背后的那群"粉丝"想看到什么？

第二，刺激别人分享。

网红思维注重分享，分享你的那些富有特色的内容。在用户对你的关注度没有那么高的时候，用户只是一个路人，你如何才能刺激用户帮你分享你的内容呢？这时你必须明白的是：所有人都有追求利益的本能，想要别人分享，给点利益就可以了。你不给别人利益，别人为什么要帮你做事呢？如果翻看知名企业微信公众号，你会发现：大量企业投入很多预算，让别人去转发分享，给别人提供利益，不然别人根本不会无缘无故为你做事情。

刺激别人分享，利益不止这一种，除了人民币还有其他的利益可以提供，其他利益可能是免费的。这种免费的利益就是社交币。

社交币就是创造内容帮助用户完成社交过程中的某个任务，即使你不给钱别人还是会分享，很多时候提供人民币不如提供社交币。社交币像人民币一样可以创造价值和财富，因为所有人都需要社交，观察周围朋友就会发现，拥有大量谈资的人往往比有钱的人更受欢迎。

社交币有五种，如表 7 - 1 所示。

表 7 - 1　五种社交币

类型	内容与功能
为用户提供谈资	赢得谈资就是想办法让内容违背人的预期和直觉。比如，他竟然开奔驰车送煎饼果子！另一个人就会问在哪里？为什么这样的内容可以得到大家的转发？因为塑造了谈资，违背了人的预期和直觉，假如你说你发现一个人骑着电动车送煎饼果子，别人肯定就会说你好无聊。所以我们要不停地问自己，我的产品、我的公司甚至我公司新采购的办公桌、招聘的某个员工、某个用户有哪些是违背预期和直觉的，你都可以想办法贴上想表达的内容
想尽办法表达自己的想法	如果你仔细看老板的朋友圈，就会发现经常有这样的内容。比如"全力完成任务才是好员工"、"细节决定成败"、"员工最让老板感动的八个细节"、"机会是留给有准备的人"等。老板最喜欢转这样的文章，来表达他想表达又不好意思直接对员工说的话。然后他就把这个转到朋友圈，还偷偷观察谁没有点赞。相反，如果看员工的朋友圈，会发现是另外一番景象。"70% 优秀员工都被中层管理逼走"、"哈佛大学心理学发表新的研究文章，发现过度加班有害工作效率"。为什么会主动转这样的文章？因为这些文章表达了他们想表达的想法。所以当你在分析自己用户的时候，你要不停地问自己，他们到底想表达什么？我到底能不能帮上忙？
帮助别人	所有的人都有帮助别人的愿望，比如，发现一个朋友最近去健身房，你可以去转一个健身房私教不得不知的内幕，有谈资又帮助他，所有这些内容会变成社交币，变成礼品
展示自己的形象	人都有展示自己形象的愿望，我们希望通过巧妙动作让别人觉得我们睿智、有钱、聪明、高大上，社交是非常重要的任务。如果你创造内容、写的文案以及产品可以帮助别人塑造这样的形象，别人就很有可能真的转这样的内容。别人可以优雅塑造自己的形象，社交币才是鼓励大家积极参与的行为，才是真正的动机
利用好攀比心理	人与人有相互比较的需求，所有人都想知道他在朋友当中是什么位置？如果你可以想办法让活动能促进人与人之间的比较，别人就可能参加你的活动，可能转发你的文案或者可能积极阅读你的文章

综上所述，用网红思维经营淘宝店，其实就是在传统的互联网流量思维的基础上，给流量找原点。原点所爆发的力量主要靠内容的制造。而内容的传播主要依赖移动互联网的"分享功能"。当网红被引爆，流量自然而然就

来了，而有了流量，才有可能有转化。

网红赚钱盈利的十大招数

在被业界视作"网红元年"的 2016 年，不断涌现出凭借自制内容在社交网络平台获得大量粉丝的网红，网红正在演绎一场社群经济的变革大戏，而网红的变现能力也是超乎想象。过去，像芙蓉姐姐那样全民皆知的网红，虽然名气响亮，但除了一些活动和表演，缺少变现渠道，一个知名的顶级网红月收入可能最多为 20000～50000 元。现如今，网红变现的方式也越来越多，比如在微博上拥有 400 多万粉丝的网红店主张大奕是一名平面杂志模特，其微博主要是自己的服装搭配和潮人生活方式。2014 年 5 月，她开设了自己的淘宝店"吾欢喜的衣橱"，2015 年已经是金冠卖家，淘宝粉丝量超过 261 万。

网红经济在"网红元年"强大的流量与海量的粉丝推动下，已经快速形成了盈利的十大招数：广告，拍片，站台，主播，社群，网店，微商，拍剧，商业服务，卖会员、VIP 以及粉丝打赏。

第一，广告。

这是最简单和直接的盈利方法，简单地说，就是在自己的平台帮助商家发广告赚钱。这个广告形式包括硬广告、软文和软植入。硬广告，比如直接在微博里发布商家的广告，或直接转发商家的微博广告或内容；软文，比如在公众号里发布商家的新闻稿、软文；软植入，比如一些主播类的网红在主持时，适当提提商家的产品。

通常网红想靠广告赚钱，需要有一个或几个属于自己的平台，比如微博、公众号，同时这些平台还要有一定的粉丝量。比如，著名段子手"天才小熊猫"微博拥有500多万粉丝，对外单条广告创意报价已超过10万元。

Prada、香奈儿等品牌发布新的口红、香水等产品时，会找到网红发广告。他们甚至会在不同的时间节点，找不同的网红，展现产品的某一个特点，以达到精准营销的目的。奢侈品圈、化妆品圈已成为网红收入的重要来源。

有强烈个人属性的自媒体网红年收入上千万元的已不是少数。比如，咪蒙通过连续写作爆文迅速积聚起百万粉丝后，其软文报价已达到一篇二三十万元。

现在很多的淘宝网红前几年曾经是淘宝女郎，当时写一篇产品测评收入几千元。

第二，拍片。

对于一些"以貌取胜"的网红，不少人选择了拍片赚钱，这里说的"片"主要是指平面图片或广告片等，通常平面居多一些。比如杂志配图、广告图片、淘宝产品图片等。甚至有不少网红就是平面模特出身。品牌方请有几十万粉丝的网红拍些照片，需要支付两三万元的广告费。

如果你是一名摄影师（尤其是自由摄影师），肯定也想自己的作品被更多的人看到，成为"网红摄影师"是个不错的捷径。因为这意味着有更多的客户会欣赏你并找你拍照，当你有了强大的客户群，收入以及名气自然也就不在话下了。这就像是"滚雪球效应"，当找你拍照的人越多，越会给人"这个摄影师很厉害，我也要找他拍照"的印象，又会吸引另一批人来找你拍照。

第三，站台。

这里说的站台，是指参加各种商业活动。比如参加车展、商家的开业典礼、走秀演出等。一般通过这种方式盈利的网红和第二种差不多，大部分比较有"颜值"，另外，拍片和站台这两种方式往往都需要与专门的经纪公司或是商业公司合作，只靠自己来找客户，效率是比较低的。

还有的综艺节目，为了颜值或者噱头等，去请一些网红，都要给通告费，如果是那种长期站台的综艺节目，也算是一笔稳定的收入了。

第四，主播。

对于靠在线直播平台成名的网红，主要方式就是通过主播工作来赚钱了。主播赚钱的主要方式是通过引导用户来购买虚拟礼物，然后按比例拿提成。如果碰到特别壕的那更是赚得盆满钵满。

有位女网红说，不断有人在直播里送她"火箭"。这是一种虚拟货币，粉丝购买后，一架带着买家名字的卡通火箭，会从屏幕上飞过，远比普通粉丝的弹幕醒目。每支"火箭"的价格是500元。有个"90后"土豪曾经一口气为她刷了几十个"火箭"，占满了整个屏幕。收到"火箭"后，网红会起立，在摄像头前跳舞、飞吻、摆出可爱的姿势和眼神，然后把送"火箭"的粉丝名字念出来，表示感谢。

这种盈利方式就需要一定的语言表达能力或是表演能力，而且要有一定的特点或人格魅力，能够吸引人经常在你主播的房间里停留，而且还能够吸引人经常给你买虚拟礼物。

还有一些比较壕的平台，会高薪聘请一些网红，既可以吸新粉又可以圈住老用户。

第五，社群。

对于粉丝不是很多的网红，通过社群盈利也是一个不错的选择。可能有人不知道社群是什么意思，在这里简单普及一下：社群简单地说就是一个组织，具体表现形式往大里说可以是一个协会，往小里说可以是一个微信群。但是注意，并不是说你成立了一个微信群就叫社群，社群要有完善的组织架构和自己的定位、名号、规则等。比如，明星的后援会、各种汽车的车友会就是典型的社群。

社群的盈利方式最直接的就是收会员费。比如现在很多人基于微信群建社群，而想进群，就需要缴纳一定的费用，甚至要月月缴。社群成员多了后，也可以在社群里销售产品。

想通过社群盈利，就需要社群有一定的价值，且能够为社群里的成员持续带来价值（关于社群的问题，请看本书第六章）。

第六，网店。

对于一些有商业思维的网红，不少人选择了开网店，利用自己强大的号召力和粉丝基础，直接通过销售产品的形式变现。比如，雪梨就是通过开网店盈利，据说一年的销售额有 1.5 亿元。

第七，微商。

微商是近几年新兴起的一种商业模式，社会上对其认知也是褒贬不一。其实微商本身是无罪的，从商业的角度来说，这也是一种不错的模式。微商存在的一些负面，不是微商的问题，是一些具体做微商的人的问题。就好像网店里也有卖假货的和忽悠人的，但是不能因为这个就否定电子商务。

其实微商和网店有点像，都是上网卖东西，只不过一个是基于 PC 互联网，一个是基于移动互联网，具体选择哪种，大家根据自己情况选择。不过从未来发展趋势来看，可能微商更好一些，毕竟是新兴事物，机会要多一些。

第八，拍剧。

对于一些多才多艺的网红，也有尝试朝影视剧发展的，尤其是网剧的兴起给了大家很多新的机会。甚至像《万万没想到》这种已经直接开始拍大电影了。当红主播王小源、刘鉴仪主演的电影《熊孩子》，网红黄灿灿、南笙主演的电影《半熟少女》等。

当然，这条路也是比较难的，因为确实要求比较高，所以到目前为止，走这条路成功的也不是很多，大部分都还在拍微电影。但在宣传中作用可不小，把"微"字一去，就成拍电影了，网红基本都是这么宣传的，不明真相的人们自然再次膜拜，粉丝更是欢声雷动！

第九，商业服务。

也有一些有非常强的商业能力，或背后有相关团队或合作伙伴的网红，以为企业提供商业服务盈利为主。比如，营销策划、营销推广等。其实这也是一个不错的方向。

比如，麦当劳英国邀请网红在视频广告做真人秀。为了保证传播率，麦当劳英国专门请来了拥有超过 80 万粉丝的"网红"Oli White 和 Gabriella Lindley 主持，而二人也录制了一段视频向他们的粉丝介绍 Channel Us。已有 3 期节目出炉，包括准备一场时装秀、组织一个快闪活动、创作一场喜剧。Channel Us 以每周一个节目的方式存在 15 周，节目内容主要是邀请一些 16 ~ 24 岁的年轻人做一些有趣的事，而且只能在 72 小时内做完。"Channel Us 的上线对麦当劳来说将是一个全新的尝试。但和年轻的 YouTube 合作可以帮助我们更接近目标消费者。"麦当劳英国区 CEO Alistair Macrow 说。其实这并不是麦当劳首次在 YouTube 上尝试视频营销。早在 2009 年，麦当劳在推广其新推出的高端咖啡 Mccafe 时，便将 YouTube 视为"广告战"的第一个战场。彼时麦当劳在 Youtube 主页投放了大量多媒体产品广告，简称"Tandem Masthead"系统，主要利用平面的顶端及两边发布广告。

第十，卖会员、VIP 以及粉丝打赏。

这种变现方式也是比较明显的。通常网红会制造许多热点话题，粉丝纷纷参与进来。当关注一个话题的粉丝足够多时，或是一个单链接、视频浏览量足够高时，会员资格、VIP 卖到几块钱甚至几十块钱，一般一个网红一次话题就会有好几千人去买这种会员，几十分钟轻轻松松几万元进账，除去平台扣除的中间费，也能进账 1 万多元。微信公众号打赏钱，一个网红创作的内容很容易突破 10 万＋的浏览量，按概率算，至少也有八九百人打赏，赏钱最低 2 元、最多 20 元，一个单链接下来，网红收到的赏钱过万元也不是难事。

以上十种网红变现的方式会成为网红变现的主流。当然，网红变现还有很多方式，未来网红经济一定会呈多样化，一定是新媒体经济领域非常重要的体现。2016 年作为网红经济快速发展的一年，将创造新媒体经济的奇迹，也能够推动网红经济健康向前发展，把网红经济带入一个全新发展的多样化、多局面、多产业、多维度的移动互联网时代！

值得一提的是，所谓的网红变现模式，无非是通过个体极致的形象和观点辨识度，吸纳大量的粉丝人群，然后再进行商品或娱乐的变现。也就是说，其核心依然是基于流量的商业变现，抑或是基于注意力基础上的商业变现。传播就是传播，商业就是商业。极致的个体形象和言论，是符合传播学理论的。事实上，网红经济时代之所以到来，与当下社会的快节奏有关，在市场经济这台高速运转的机器驱动下，大众需要娱乐，需要放松，需要对传统文化认知，而不是说教。与此同时，随着微博、微信等新媒体平台的日渐兴起，也直接有助于各类网红的瞬间崛起。从这个角度看，其实网红经济的兴起与近年来各种奇葩综艺节目的走红，其内在的逻辑是相通甚至是一致的。

第八章　群星谱：为十大网红估值

在"粉丝经济"的巨大红利下，很多网红借助影响力接代言、发广告，把自己的IP产业化，或者利用知名度、影响力的优势创业，快速赚取了"第一桶金"。2016年文创产业进入了集中增长爆发期，IP、二次元、内容等一系列关键词横跨文创产业的各个领域，网红无疑成为了最有话语权的群体，这里列举的十大网红"群星谱"，他们小则拿融资，大则当投资人，实在不可小觑。

papi酱：才华姐

自称"集美貌与才华于一身"的"2016年第一女网红"papi酱，她用数十条原创短视频，在短短几个月拿到了1200万元的融资。经过10轮竞价后，她的单条视频贴片广告最终以2200万元的价格成交，这一消息又刷屏了朋友圈。"这是人类历史上最贵的一个单条视频贴片广告。"此次拍卖会的策划人、papi 酱的投资人、罗辑思维创始人罗振宇在现场难掩喜悦。其实很多人都明白这是罗振宇早就设下圈套等待围观群众往里跳的一个局。从罗辑思维曝出投资 papi 酱的消息之后，2016 年三四月关于 papi 酱的新闻几乎就没有消停过。从公布投资到策划拍卖会，再到正式拍卖，这一系列过程仿佛时刻在进行在线直播。只不过很多人都不明白，被罗振宇牵着鼻子走，从最开始曝出与 papi 酱合影，到召开拍卖说明会，再到拍卖出 2200 万元的天价贴片视频广告，这一切围绕 papi 酱的话题都是策划。

papi 酱何许人也？这个自称是"集美貌与才华于一身的女子"的 papi 酱本名姜逸磊，上海人，29 岁，已婚，大学就读于中央戏剧学院导演系。近日她在接受媒体采访时表示，自己还是一个"论文还没交的中央戏剧学院导演系在读研究生"。2015 年 7 月起，在凌乱的家居背景中，papi 酱穿着家居服，素颜出镜，以独白秀的形式，利用变音器发布原创短视频内容，通过对口型、方言恶搞、男女关系点评等，大讲时下热点走红。

第一，几年前，她还很文艺。

papi 酱被戏称为"非典型网红"——虽然挺漂亮，但却是靠自己一个人出镜的系列原创幽默短视频走红。不过，papi 酱本人很不喜欢网红这个称呼，"好讨厌别人叫我'网红'啊，我又没开淘宝店！！！"

事实上，她一直在网红的道路上狂奔。这个真名叫姜逸磊的上海姑娘，在视频中更多的是以一个大龄女青年的形象出现在公众面前，对日常生活进行种种毒舌的吐槽。而在此之前，papi 酱在网络上的轨迹跟很多普通女生无甚不同。2013 年，她还是个画风正常的文艺女青年，在天涯社区上开了一个名为"papi 的搭配志"的帖子，上传了不少自己日常衣服搭配的照片；评论大多赞扬她"是个美女"、"很漂亮"，但没有任何走红的迹象。而在此之前，她还担任过某娱乐网站网络主持人、北京电影学院导演系毕业作业胶片短片的副导演和女主角。

直到 2015 年，papi 酱跟大学同学霍泥芳开始以名为"TCgirls 爱吐槽"的微博账号发表短视频，此时的她完全抛开美女包袱，以七情上面的浮夸表演博得网友纷纷点赞。后来，papi 酱开始编辑自己的视频素材，以变声形式发布原创的视频内容。她的语言混搭系列十分出彩，"上海话＋英语"系列短视频中，她饰演一个在电话中劝闺蜜与渣男友分手的女性，连珠炮似的把上海话、英语、日语流畅地融合在一起："侬到底有没有 Understand 现在这个 Situation 是什么样啊？"除了语言系列，她还有很多戳中年轻人笑点的吐槽视频，如何跟讨厌的亲戚过春节、明星获奖时究竟在想什么、为什么有些人一谈恋爱就讨人厌……这一类视频让不少网友高呼"说出了我的心声"，也为 papi 酱赢得更高的人气。

第二，不靠颜值靠才华。

虽然被网友戏称为"女版黄渤"，但是 papi 酱的颜值并不低，甚至跟年轻时的苏菲·玛索有一丝相像。明明可以靠脸吃饭，她偏偏走上"谐星"的道路，这种"反差萌"也是她制胜的一大法宝。

但是，仅仅靠反差，并不能解释 papi 酱的走红。她本科和硕士都就读于中央戏剧学院导演系，目前是硕士研究生在读。做短视频，实际上是一份"专业对口"的工作。papi 酱的视频透露出一股浓烈的草根气息：视频背景十分居家，不是在客厅就是在房间；papi 酱本人也经常以运动衫＋素颜的形象出镜。不过，这种"粗糙"或许是有意为之。论制作过程，这些短视频一点都不简单：短短几分钟的视频需要花费好几天来拍摄、剪辑；对视频的节奏需要精准的把握，才能够呈现成品中的爆笑效果。因此，papi 酱每个视频中的自我介绍都是："我是 papi 酱，一个集美貌与才华于一身的女子。"

如今，papi 酱已被称为"2016 年第一网红"。令人咋舌的走红速度不禁令人疑惑：papi 酱背后究竟藏着一个怎样的团队？papi 酱在接受腾讯娱乐专访的时候澄清："我没有推手，幕后没有，幕前没有。有那么多粉丝完全出乎我的意料。"她表示，视频的取材完全基于自己的生活，写段子的速度则要看自己的拖延症程度了。

据媒体报道，这些包括台词、拍摄、剪辑及后期所有的幕后工作都是她一个人完成。"为啥都觉得我有团队？！这种程度的视频需要一个以上的人来完成么？！对我来说，不、需、要！"

有媒体曾援引业内人士的话报道称，网红也吃青春饭，但跟传统明星艺人不同，他们有经纪公司来包装、推广，维持消息曝光和粉丝黏性。而有的网红的生命周期可能只有两三天，如果两三天不直播了，网友就都跑了。你指望一个看热闹的人长期关注某个人吗？而像 papi 酱这样，持续数月火红期的已经很了不起了。

不过，要理解 papi 酱的价值，还得从徐小平那篇备受争议的《papi 酱是互联网时代的鲁迅》一文说起。文章说：她这种对国民性的一种弱点的批判，有点像鲁迅。我觉得 papi 酱是移动互联网时代的轻松版的鲁迅，她已经深入人心。比如三八妇女节，她说我反对一切形式的男女性别歧视，不仅是女性歧视，还反对男性歧视，她有许多东西针砭的都是我们人性深处的不太好的东西，最终能够使我们不仅得到娱乐，而且是在欢乐中提升我们的格调，改变我们的陋习，最终让我们的社会变得更加和谐、更加美好。

第三，"屏时代"的"轻松版鲁迅"。

那到底该怎样评价 papi 酱呢？我们先要有产品思维，要承认 papi 酱的视频也是一种"评论产品"。纸时代的"评论产品"，属于澄清某种社会规则的"理性批判"。而从韩寒开始，中国的"评论产品"就开始由"纸阅读"进入"屏阅读"时代。而 papi 酱更接近未来的写作样态。

今后，互联网"写作"的主流将不是靠对文字的排列组合，即字雕句琢地来完成，而是通过对图片、短视频、网络表情等元素的排列组合，即槽点、梗、人格化来完成。因为，后者的生产门槛更低，有中小学文化的人都可以进入；而且更碎片化、短平快，能被更多的人接受，满足他们表达自我的需要。

以上就是 papi 酱视频的革命性意义，在表达自我和批评社会方面，短视频的 papi 酱或许不如码文字的鲁迅有深度，但短视频更适合互联网时代的文化大众，papi 酱照样可以因为受众的广度开启新的评论范式。时下越来越多网络炒作大 V 开始搞短视频"解盘"，而各地用方言恶搞经典的短视频也越来越多，这些都预示着短视频潮流正在使 papi 酱成为"屏时代"的"轻松版鲁迅"。

那么，papi 酱到底值不值这个价？有网友说："拍卖会本身就是一个免费的广告，广告还没播出，大家已经熟知了赞助方。通过微博微信后台大数据，可以详知 papi 酱粉丝分布情况，年龄、收入、性别等，可以寻找一个最好的品牌进行精准营销。网红经济不像某些媒体说得那么悲观。"

也有网友认为："平心而论，papi 酱本身价值可能没那么大，充其量算个优质药引子；罗辑思维这老中医忽悠病人和配药越来越难，正满大街找药引子呢；老中医有了药引子还不成，忽悠惯了没多少人信了，正好隔壁老财主真格基金看透了老中医这门道乐得凑份，觉得精明的买主才不在乎这药好不好呢，做'首席病人'才重要。"

罗振宇：内容网红鼻祖

脱口秀主持人、自媒体人代表、说书的人、卖书的人……你很难给罗振宇的身份下一个准确定义。这位"罗辑思维"掌门人一直踩在内容创业的浪尖上，他的多重身份诠释了一种通过内容树立个人品牌，吸引一批粉丝最终得以变现的"网红风格"。

第一，第四个交易入口是知识。

2016 年 1 月 12 日，当罗振宇以卖家身份出现在"2016 天猫全球商家大会"时，人们没有太奇怪，而是像听"罗辑思维"那样，怀着好奇与学习的心情听他分享自己的内容生意经。

10 天销量 100 万，这是罗辑思维在天猫开店卖书的销量。2015 年 9 月，罗振宇还曾公开表示：如果不出意外，预计2015年图书销售额将达到1.5亿~2亿元。这一市场回报源于运营良好的社群，而得以形成社群的原因，则在于罗辑思维为粉丝提供了当今社会必不可少的"知识"。这些"知识"被快速地以通俗易懂的方式传递给亟待养分的青年们。之后，意犹未尽的青年们还乐于掏腰包买罗振宇推荐的书籍。在这一过程中，罗振宇下了论断：不是流量，不是人格，而是知识——成为了这个时代"交易的入口"。

罗振宇在演讲中表示，现在的交易入口早已从流量变成知识。他认为"将来羽毛球相关产业的大拿一定是一个羽毛球教练出身的人"，掌握相关知识的人才能把东西卖得更好。他把交易模式分为四个时代，由于每个时代里的稀缺资源不同，交易入口也不同：

消费需求的稀缺产生了第一代交易入口：流量。"不管是你家楼下的油盐店还是网络上的流量，本质就是你不知道在哪儿买东西，这个就带来交易机会的稀缺。"

消费能力的稀缺产生了第二代交易入口：交易本身。"过去的电商都是在这两个入口模式上做文章，怎样扩大流量。"

信任的稀缺产生了第三代交易入口：人格。"对于信任的稀缺度，就是我到底要信谁。一个清晰被广泛接受的人格，它应该可以整合成为商业链的入口。比如网红不断地变成一个现象，这就是一个人变成商业入口的例子。对于一个人的信任其实可以造就一个'限时扭曲层'。"

第四代交易入口：知识，这也是罗辑思维一直在探索的交易入口。"没有知识在这个时代已经没有消费能力。其实这跟前三代入口不一样，第一它不是流量，第二跟价格无关，第三个它也不是个网红，长得也不好看，又毫无魅力，只是因为她握有相关知识。"

当人们处在知识成为交易入口的这个时代时，做好内容、传递知识成为一种可靠的变现手段。在接受媒体采访时，罗振宇表达了他对自媒体发展趋势的两点看法，并一脸认真（虽然众人还是有些忍俊不禁）地建议记者们好好考虑内容收费这个问题，建议自媒体好好琢磨如何不做广告、直接卖内容：靠广告和公关费生存下来的自媒体会变少。罗振宇表示，自媒体这个概念将来渐渐不会有人提，内容生产个人化是一个趋势。靠广告和公关费生存下来的自媒体极少，或者说它们的生存境况不好，罗辑思维主动向卖货转移，这是自媒体突围的一个方向，就是你竟然有信心成为某个方向和内容上的权威，按照现在讲的知识是入口，就应该通向具体的交易。内容直接收费的窗口即将来临，需要钱买的内容才是最有影响力的。这两天回北京想去说服和菜头，一天给大家推荐一个东西，可能是一个文章，可能是一首歌，可能是一部电影，一年收100元，看能卖多少，有可能支付一个非常有尊严的内容生产者一笔收入，很可能会上千万元。收费内容在2017年会是爆发的一个风口。其中，要实现内容的直接收费，最需要的还是不懈的努力，罗振宇举例解释了这一老生常谈的话题：像papi酱这种三五分钟的东西，估计没有10个小时录不出来。看我在节目中口若悬河，事实上录一个小时节目要花20个小时，一直说到逻辑顺畅，表达没有误区，然后口齿相对清晰才会可以。其实做内容是一个下苦功的事。很多人看到罗振宇现在有600多万用户，这是吃苦吃出来的，你们跟我一样每天早上6点起床，坚持三年，先把苦吃了再谈其他。

第二，有知识的饼子脸正在成为下一代网红。

2016年3月2日，在杭州刚刚接受完专访的罗振宇迅速被一群粉丝围住了，求名片、求加微信。在喧闹的人群中，罗振宇友好地拒绝："我现在加微信要删一个才能加一个。"

罗振宇在现场提到了罗永浩，业内人称"老罗"。罗振宇说，在老罗发布第一代锤子手机之前，很多人都不看好老罗，但他觉得老罗没什么可失败的，"他原来不就是英语老师吗？他还能失败到哪里，大不了回去跟方舟子、西门子接着干"。在罗振宇看来，无论是自己还是老罗这类网红，还是阿里巴巴上不少锤子脸式的网红，正在不断地变成一个现象，就是一个人变成商业入口。

罗振宇的判断也得到了同台的阿里巴巴商家事业部总经理张阔的印证，他说手机淘宝上的商家纷纷开启了粉丝营销之路，想方设法将"访客"变成"顾客"再转为"粉丝"。数据显示，在 2015 年淘宝女装类 C 店销售额排名前 10 的网店中，就有 5 家网络红人店铺，这些店铺的"掌柜"张大弈、赵大喜、于梦姣等均是知名网络红人，拥有强大的粉丝号召力，并善于把粉丝转化为购买力。截至 2015 年底，手机淘宝商家累计活跃粉丝数超过 100 亿，电商迎来"拼粉"时代。"消费者在手机端的浏览访问习惯有了明显的变化，以前用户进来或许就是搜索自己想要的宝贝，但现在用户可能会是因为要看小米的新品发布会直播，要看韩都衣舍的走秀，要听罗辑思维的演讲而'逛'手机淘宝。"在张阔看来，内容消费时代来临，粉丝就是生产力。

罗振宇说："没有知识在这个时代已经没有消费能力！"罗辑思维一直在探索第四代交易入口——知识入口。他举了一个很特别的例子，当你问自己的父母，生日要点啥时，他们通常会回答"我啥都不要！"在罗振宇看来，父母缺的不是消费意愿和消费能力，缺的只是知识。"当他不知道埃及的金字塔，埃及对他没有任何意义而言。当他不知道新年音乐会的时候，他不知道要去维也纳金色大厅。当他不知道滑雪乐趣的时候，他不知道瑞士对他的乐趣。"罗振宇的这种解读，竟让人有些无言以对的感觉，因为真的好有道理。

其实每个人都有可能因为知识的缺失而丧失消费的能力。罗振宇谈到自己前不久去日本超市，光味噌汤就有 200 多种，他瞬间就懵了。突然旁边出现一位中国台湾大姐，看罗振宇手足无措的样子，立马就来了劲，"这个，这个，这两个最好吃！买吧！""你还有什么好选择，就买了嘛！"在罗振宇看来，中国台湾大姐的这次成功推荐，既不是流量、跟价格也无关，中国台湾大姐本人更没有成为网红的颜值，但她握有相关的专业知识。"现在国家在谈所谓的供给侧改革，我不知道经济学家怎样诠释。在我看来是我们需要增大供给的可能，在这个时代增大供给的可能恰恰是在知识侧提高起来。所以未来的交易入口还会是流量吗？还会是价格吗？甚至它一定是锥子脸式的人格吗？不，饼子脸式的流行，因为我们有知识。"罗振宇坚信，将来羽毛球相关产业的大拿一定是一个羽毛球教练出身的人，或者是有相关知识的人，"我坚信已经握有知识的人会成为入口"。

"知识入口必须与人格结合在一起。我们大学的时候有一句话'电脑修得好，备胎当到老'。你电脑修得好并不一定拿得下女神，知识侧和内容侧没有想象的那么简单，它在一个特定的点上，机会只有一次。"罗振宇以于丹为例，他估计 20 年内不会再出现中年女子讲论语，这是基本的社会模式决定的，整个社会是一个千人球，表面积非常大，可以长出很多的刺，但是对不起，一个地方长出一根刺以后再也不会长出第二根刺，以知识侧为入口的内容时代，大家跑马占地还有机会，所以抓紧。

第三，网红是长不了的，我们要一次性地把未来收割掉，落袋为安。

2016 年 3 月 27 日下午，papi 酱广告招标沟通会在丽思卡尔顿酒店举行。这场"新媒体营销史上的第一大事件"用时 5 天，罗振宇同 papi 酱及合伙人杨铭周四认识，下周一对外宣布合作。拍卖会"像是一个骰子一样扔出去了，到底挑几个点，我是完全心里没数的"。罗振宇说自己发布消息时很像掷出骰子的心情，这也是时代精彩所在，"一件事情发生了，你以为你还是这个事件的主人吗？"

合作源自罗振宇偶然的一句话，"我说我们要做新媒体历史上第一次广告资源拍卖，必将会诞生新媒体标王，必将有人从传统媒体交出市场定价权的王冠和权杖的角度来理解这个事。"这句话让徐小平带团队迅速起草了投资协议，见面第二天晚上就签了字。投资协议只有 4 页，1200 万元投资占公司股份的 12%，公司估值 1 亿元。

罗振宇将互联网时代的市场营销规则比喻为俄罗斯套娃。papi 酱提供了最小的一个核，当然它是最重要的，没有它，周边的资源无法附上。我们通过一个策划把它包装成一个所谓的新媒体标王的概念，这是我们今天这一层。你拿走之后还会发生哪一层？我不知道，这是这件事情最为奇妙的地方。

罗振宇认为，网红长不了，早日收割，落袋为安。很多人说网红是长不了的，我同意，所以我们要一次性地把未来收割掉，落袋为安。我们假设 pa-pi 酱现在接广告，市场上我听说过有这么一个出价，说一期我们给到 100 万元，好像觉得已经很慷慨了，什么时候 papi 酱能够赚到 1000 万元？干两年。我个人觉得这次广告招标拍卖一定会在 1000 万元以上，够她干两年。papi 酱能红两年吗？不知道，鬼都不知道。一次性收割了，落袋为安有什么不好？

王思聪：资本网红教主

按照王思聪旗下的普思资本的最新投资成绩单显示，2012 年 5 月至今，普思资本已顺利完成 26 个项目的股权投资，其中有 11 个美元项目、15 个人民币项目，而这其中，云游控股于 2013 年 10 月在中国香港上市、乐逗游戏于 2014 年 8 月在美国上市、GDC 于 2014 年 9 月被华谊兄弟收购、先导股份于 2015 年 5 月在创业板上市、Dexter 于 2015 年 12 月在韩国 KOSDAQ 上市、九好集团于 2015 年 12 月借壳鞍重股份、英雄互娱成功在新三板挂牌……很难自行将投资成绩与微博上的那个王思聪无缝连接，因为这位中国最富有网红的生活日常正如其微博以及娱乐新闻头条所示：周一"哈哈哈哈哈哈……笑死我啦"，周二"夜会漂亮姑娘，意气风发"，周三"点评娱乐圈被下降头人物"，周四继续学习各路网红技术……愉快的一周又过去了。我们依然穷得乐不可支，王思聪靠着投资、电竞、混圈子成为我们学生时代最讨厌的那类人：平常陪你嘻嘻嘻，考试总是考第一……

下面，让我们来分步骤详解王思聪如何成为中国最会投资的网红——资本网红教主。

第一，玩着投资。

按照坊间流传的版本，自小学起就在新加坡、英国游学的王思聪在读完本科后回归祖国怀抱，挂了个万达董事的头衔，持有了万达百分之几的股份，然后继续表面无所事事，在家圈着一伙人做点儿热血青年们钟爱的东西——电竞。

2011 年 8 月，王思聪宣布自己将强势进入电子竞技，整合电子竞技，他收购了 CCM 战队，并将 CCM 更名为 iG，成为电子竞技俱乐部的创始人。此后，他投资云游控股、乐逗游戏、网鱼信息、ImbaTV、英雄互娱，并在 2015 年 9 月，创立了游戏直播平台熊猫 TV 和香蕉计划。

"当初只是觉得这个圈子里选手和俱乐部都活得不怎么样，但是当时没有人愿意进来这个圈子，所以我就来了。"画面大概就是一个喜欢玩游戏的富二代能够看到行业里不光鲜的那一面，凭着少年的热血以及钱慢慢进入了这个行业，而随着向行业上下游的不断延伸，逐渐发现行业的前景，而展开对全产业链的布局和攻占。

正如王思聪对行业前景的判断以及他进入电竞圈的影响，电竞行业已经成为正在勃发的文化娱乐产业的一大爆发点。据投资行业分析，电竞可能是下一个 NBA，而一手扶持起这一行业并已在其中布局的王思聪定然可以玩着玩着就把钱赚了。

在玩电竞的同时，王思聪已然进了投资圈。2012 年王健林大手一挥以 5 亿元创立了普思投资，扶植王思聪成为普思投资的董事长，老子成了儿子名副其实的 LP，然后重点来了。按照普思投资官方成绩单，其成立至今已有四年，完成了 26 个股权项目的投资，其中已有 8 个项目退出，其参与的众多港股和美股的基石、锚定和配售等投资也同样成绩斐然。而靠着投资以及其他业务，王思聪已在 2015 年凭借 40 亿元的身价尾随老父亲登陆胡润百富榜。

王思聪的投资生态，一是投资风格为稳准快。追求企业的长期价值是每一个投资机构的目标，普思投资自然也是如此，作为一家 PE 投资机构，做 Pre – IPO 类项目的自然回报周期也相对较短，但普思投资则似乎有点儿快，以其股权投资为例，四年投资了 26 个项目的普思 2015 年就有四家公司成功登陆资本市场，甚至在同一年完成投资 + 上市双重步骤，可见其在战略眼光方面的独到。二是投资目标为全球视野与未来科技。做投资最重要的自然是回报，但是相对其他投资机构需要外部融资，普思投资全部是自有资金，所以钱很重要，且它们确实也让钱不断升值，但更重要的是生态搭建。通过对比普思资本与万达集团第四次轻资产转型的策略，很容易发现两者之间的微妙联系，从而得出这样的结论：普思是其生态产业链的一环，然而事实并非如此。根据《投资界》对普思资本的了解，它们的投资并非围绕万达集团产业，而是秉持着自己的判断：立足全球视野、紧跟泛娱乐趋势、探寻前沿科技。如此，普思投资的投资生态圈正在慢慢搭建形成。

第二，网红生涯。

以上两部分讲的似乎都是网红首富的致富之路，而事实上，王思聪的网红生涯即混圈子早已开始，第一个圈是商界政要，基于家族以及其父资源，已经妥妥赢了；第二个圈是娱乐文化，凭借着资源和人格魅力，如林更新、Angelababy 等众多当红明星已是他的圈中好友，并利用人脉广的特点四处搜集圈内八卦；第三个圈则是无缝不插的网友圈。

王思聪在微博上的放荡不羁其实早在 2010 年开始，只是坚持五六年的老粉少之又少，第一条微博下面的评论大多都是 2014 年之后过去回首从前走过的路，什么炮轰俏江南张兰造谣已是他早年做的事情，而成功成为每日娱乐头条标配则是 2014 年和京东电脑桌的恩怨情仇，此后"娱乐圈纪委"的名号开始红透，由此揽获网络时代最难对付的网民朋友。大概他的网红策略是积累商界政要人脉以及娱乐圈的八卦，来给广大不明真相的网友普及知识。由此他混圈子的成果初见成效，一方面树立了自主品牌王思聪，另一方面给万达、普思投资、电竞事业省去了一大笔公关宣传费，更将几个圈子的资源搅和在一起。

如此，资本网红教主的江山已定。

奶茶妹妹：强东家族基金管理人

奶茶妹妹原名章泽天，1993 年 11 月 18 日出生于南京，2009 年因一张手捧奶茶的照片走红网络，成为网红。2011 年，章泽天就读于清华大学。2014 年 4 月 14 日，章泽天与刘强东的恋情被媒体曝光，引起网友广泛关注。

第一，网红成名经过。

2009 年 7 月 3 日，章泽天的同学因高二新学期重新分班而互拍照片留念，随后章泽天的同学将章泽天手捧奶茶的照片上传到 QQ 空间，之后该照片经过网络转载传播。12 月 13 日，百度"皇家马德里吧"最早公布了奶茶妹妹的真实姓名和所在学校，随后不少球迷涌入百度"章泽天吧"。

章泽天的照片来源于猫扑论坛一个网友的签名图，在论坛流传了大概 3 天，陆续有网友问这女生是谁。12 月 29 日，猫扑论坛一位自称"笔袋男"的网友发帖"哥散尽全部家当求此女"，帖子里贴出了章泽天的照片，并贴出一封求爱信。12 月 29 日晚，有很多用户曝章泽天的照片。12 月 30 日，"奶茶妹妹"称呼出现，同时帖子也上了猫扑首页推荐，奶茶妹妹变成了网红。

第二，投资 Uber。

在亚布力中国企业家年会上，刘强东在接受采访时透露，太太章泽天投资过 Uber。"我把我家庭的投资分开，家庭的投资全部交给我太太，她投得很优秀，包括投资了 Uber。"

相关媒体随即向 Uber 进行了求证，此消息也得到了 Uber 方面的确证，Uber 表示具体金额不便透露，但确认了这是奶茶妹妹通过刘强东家族基金投出的项目，Uber 方面表示："这可能是刘强东家族基金最大的一笔投资。"

Uber 中国此前估值 70 亿美金（最新一轮融资估值尚未得知），民生银行投了 1 亿美金，其余公布的有人寿、太平、中信、海航、广汽，在一连串"土豪"国企的投资名单上，如今又增添了投资界新贵奶茶妹妹。而对于奶茶妹妹投资 Uber 一事，最耐人寻味的是，看起来并不缺钱的 Uber，为何会接受完全是"圈外人"的奶茶妹妹的投资？很可能是出于公关和眼球效应的考虑。

过去的 2015 年，章泽天经历了本科毕业、盛大婚礼、怀孕成为准妈妈、新晋投资人的角色转换，把普通人十年未竟的目标在一年内完成。

凤姐：新生代"天使"

曾经的网红凤姐（罗玉凤）此前一直以"雷人"的身份活跃在网络上，但后来越来越多的人发现，凤姐其实一点也不"二"。继成为凤凰新闻客户端签约主笔后，凤姐再次进行身份的转变，以辩论类社交 APP "淘皮客"的天使投资人身份，变身"霸道女总裁"。

第一，投身天使投资人行列。

2015 年 12 月 2 日，凤姐在新浪微博发文称，一直以来都有太多的人因为嫉妒她而攻击她，为了方便大家骂她，干脆投资了一个"吵架"APP——淘皮客，正式投身天使投资人行列。淘皮客随即向澎湃新闻（www. thepaper. cn）证实凤姐确实是他们的天使投资人。

这并不是凤姐第一次接触资本市场，早在 2015 年 4 月，凤姐就在微博上高调宣布创业，欲融资千万做美容 O2O，迅速引起了广大网友的热议，但之后凤姐并没有进一步公开该项目的后续。凤姐 2015 年 12 月 2 日在微博再次提到该项目的时候，仅表示："融资对于我来说并不是难事，作为中国第一网红，30 岁的梦想是向世界证明，以后会创造出来更多的不凡。"凤姐认为，"变身投资人并谈不上是勇气，这些年存了一些钱，日子好过了些，别人和我说投资很赚钱，而且要投资就要投资移动互联网。"据凤姐透露，首次作为投资人入驻"淘皮客"，各种形式的投资加起来总资金达到上百万元。

淘皮客是一个基于各类话题辩论的轻社交互动社区 APP，由"Topicer"音译过来的，含义是"热爱话题辩论的人儿"。淘皮客以不说没态度的话为宗旨，主要客群定位是 16～30 岁具有强烈自我表达欲望的新时代用户。凤姐此次再次高调发声，也有人质疑是在炒作淘皮客。

第二，"约架"董明珠，嘲讽王思聪。

当天在宣布自己投资人的新身份之后，凤姐还直接在微博上和格力电器董事长董明珠"约架"。

凤姐认为，董明珠虽然在中国女性中算有成就的了，但是年纪太大，与自己还是有一定差距。既然"董小姐"的照片可以不断地出现在格力手机上，那么自己的照片也可以出现在淘皮客的 APP 上。同时，凤姐还放出豪言，称有凤姐照片的 APP 一定比有"董小姐"照片的手机受欢迎，要是输了就去整成"董小姐"。

除了约战董明珠，凤姐再次嘲讽万达集团董事长王健林之子王思聪，称王思聪之所以能获得"国民老公"的头衔，仅仅是全民舔富的产物，所获得的成功也仅仅是因为其有一个有钱的爹，并认为其颜值比自己也没有高到哪去，远远没有达到自己的择偶标准。

马佳佳：营销吸金高手

　　马佳佳本名张孟宁，2012 年毕业于中国传媒大学。毕业当天创办泡否情趣用品店，成为媒体关注的焦点。2013 年底，马佳佳在中欧商学院分享营销策略，2014 年 2 月 10 日在万科的一场讲座上，她的一句"90 后不买房"成了网络热点，外界给马佳佳贴上了各种标签，"90 后美女"、"网络营销新锐"、"成人用品店老板"……似乎是一夜之间，马佳佳成名了。

第一，高潮：无论挺还是黑，我都红了。

　　就在马佳佳说出"90 后不买房"的第二天，争论在网络上爆发了。各路自媒体人和地产圈人士在讨论其观点是否站得住脚的同时，开始质疑马佳佳——"有什么资本到房企分析楼市"。

　　任志强在微博上说，"90 后不买房"是没有买的能力，也没到买的时候。马佳佳随即转发回应，没看推导过程而太在乎结论，是非此即彼的二元世界观，"思辨性危险啊大叔"。

　　易居老总丁祖昱呼吁"不能让'马佳佳'左右房市"。他说，"马佳佳"基本把地产人的微信屏刷爆了，一个已经左右"房事"的小女子俨然要左右"房市"了。他甚至怀疑，搞这一波"互联网思维"的新奇玩意，让其他企业云里雾里，"不是万科有意策划的吧"。

"我们真的是很无奈。"万科公司的内部人士说，话题不断升温让当初邀请马佳佳讲座的员工很紧张，不愿面对媒体。该人士称，马佳佳曾在中欧商学院演讲，介绍营销思路，万科营销部对她有印象，邀请她分析"90后"群体的特征，"这是一场普通的讲座，主题不是分析房地产"。

但显然，马佳佳更知道如何吸引眼球。"90后"的马佳佳习惯于定义"90后"。这场讲座里，她把"90后"的特征与买不买房结合起来。"90后不买房"听起来石破天惊。她试图通过分析"90后"群体的特点，告诉万科的"学生们"该如何定位产品。

万科惊讶于讲座被热炒，随着这场争论的发酵，"马佳佳"成了网络热词，超过马云、马化腾，排在"马"字搜索第一名。

2014年2月20日，青年天使会组织的创业者沙龙上，有人让她讲讲被自媒体炮轰的看法。马佳佳笑得很开心。她说，这些自媒体太没有水平了，把我捧这么红，无论是被挺还是被黑，我都出名了，求之不得。青年天使会会员马威（化名）说，无论褒贬如何，推广的效果显而易见，作为一名品牌营销者，马佳佳成就了"马佳佳"。

在争论的风暴眼，马佳佳却准备偃旗息鼓了。她继续在微博上向粉丝们展示对房地产商说法的不屑一顾，但却不愿在媒体上谈论这一话题。

在微信里被问到是否有继续推广品牌的计划时，马佳佳说："我就想玩。"被问到如何定位自己在泡否团队中的角色，马佳佳说，"这拨过去了，不准备讨论这个话题了"。她自信能把握曝光的节奏。

马威是马佳佳的合伙人，两个人一起创建了泡否性用品店。马威说，作为团队的核心，他负责商业策划与合作，马佳佳负责品牌的宣传推广，那场讲座就是通过他在万科的朋友牵线筹划的。如果要给自己赋予一个角色，"我就是导演，佳佳是演员"。他说按照计划，马佳佳档期已经告一段落，接下来轮到了自己的档期。他对制造话题有自己的理解，一个人不能在媒体上频繁出现太长时间，否则公众一定会审美疲劳，这段时间马佳佳在媒体上出现的太多了，正好趁着植发的机会好好休息，至于这段时间有多长，应该是"一大阵子"，她还要露脸，"我俩对自己的要求是很苛刻的，都要追求完美"。

第二，泡否搭台。

"泡否"是马佳佳和马威创办的成人品牌。2012 年毕业当天下午，马佳佳和马威在定福庄西街的泡否成人用品店正式开张，经营近一年后迁址高碑店兴隆街，2015 年进驻三里屯。大胆，出位，人们离不开的商业领域。在马佳佳看来，这就是成人用品。她的三里屯店，像她的言语一样出位。店门上的牌子充满挑衅：不好意思的不准进、长得不好看的不准进……就像她在中欧讲座里说的，用伺候搞定的都是大爷，用品牌搞定的才是"真爱"。

泡否火了。有报道说，泡否的月均流水已达六七万元。而三里屯泡否店的租金是每年 40 万元。关注成人用品行业的一位人士说，自己观察了几天，发现想象中熙熙攘攘的泡否实体店事实上门可罗雀。有不少人进出，但结账的人并不多，和附近一家成人用品店基本持平，"谁也没颠覆谁，都过得不大舒服。"他认为，不管马佳佳的营销策略多好，都不会改变泡否的行业地位，因为眼球效应并没能转换为线下店的人流。

"90 后不买房"引爆话题，开性用品店成名，以"90 后"标签营销自己，马佳佳对反对的声音不屑一顾。她说自己懒得聊成绩，她用性格拧巴来回应这种质疑，我就是喜欢挑三里屯这种谁开谁死的地儿。

第三，马佳佳的营销标签。

马佳佳曾经总结自己人格魅力的终极公式。要依赖不同的发展阶段。"先够牛，再自嘲自黑，最后玩自恋"。女优、女神、女屌丝。在她看来，这是她要营销的"三位一体"。

在上海的一场论坛上，微创新研究中心首席研究员金错刀初见马佳佳，说"她非常自信，也懂得在陌生人面前推销自己"。

马佳佳的营销手段不仅用在日常交往，也用在电视媒体上。

2012 年 10 月，马佳佳参加了一档益智攻擂节目，透露高考时曾是语文单科状元，毕业后拒绝 40 余家企业的 Offer，选择在学校旁边开店创业，话里话外影射小店与"幸福"有关，让马佳佳频繁在网上曝光。

这种营销植入从马佳佳毕业晚会上的小品辩论赛里就已淋漓尽致了。

小品上，马佳佳穿着一身格格装，在探讨"男人和女人谁更寂寞"的话题时，"有缘千里来交配"等大胆的台词引起爆笑，视频传到网上点击量近千万。有媒体公关人士认为，类似的植入方式并不新颖，马佳佳的营销手段在业内早已成为流行，马佳佳受到关注的原因不在于营销手段，而在于她身上的标签，"成人用品店老板、90 后美女、高学历、言论出位"才是她走红的金字塔基石。

第四，搞懵投资人。

当"马佳佳"成为一件作品被人熟知，天使投资人也主动加入了进来。

冯仑曾经在演讲时提到马佳佳，"我有一个朋友，居然奋不顾身地百般乞求她做了天使投资人，就是空中网以前的老板杨宁"。

杨宁不否认自己的奋不顾身。杨宁说，作为天使投资人，自己更看中投资的对象，而非项目本身，如果只看泡否的前景，格局就太小了，"我就是看中了马佳佳的独特性"。他认为马佳佳对客户心理有准确把握，她通过个人形象营销，拉动商业品牌传播，并将个人形象渗透到每个商业领域，最终成为商业教主，接受消费者的膜拜。

娱乐工厂基金管理人烨峰，如今已加入马威和马佳佳的团队，成为基金管理人。烨峰说，从 2015 年启动融资开始，第一阶段已经从近 10 名天使投资人手中筹集了 6000 万元，现在正进行第二阶段融资，目标是 1 亿元。投资人包括空中网总裁杨宁和天使投资人徐小平。

王胜寒：从"纽约留学女"到"醉鹅娘"

每天从卧室到客厅，王胜寒就会从生活频道切换到工作频道，这种状态已经持续将近一年了。客厅里坐着"企鹅吃喝指南"的五人小团队，两排办公桌中间整整齐齐地摆了一排葡萄酒，大约 30 多瓶，都是供货商拿来的样品。这个隐在京城北三环一个小区里的办公场所是王胜寒的妈妈"赞助"的。王胜寒对企鹅团的团员采取"福袋模式"，订购周期半年起，每月根据缴纳会费的不同给会员邮寄精选出来的葡萄酒。平均每个会员缴纳的订购费达到了 2000 多元。她亲自充当葡萄酒小秘书管理这些会员，给每个会员都编上了号码。这些人大部分是王胜寒在"纽约留学女"时期和"醉鹅娘"时期累积下来的粉丝——早在创业两年前她就已经是个网红了。

第一，"纽约留学女"品红酒。

"纽约留学女"在网上引起热议还是在 2012 年。当时最火的一期"纽约留学女"系列视频文案来自人人网上疯传的一篇名为《两个世界》的文章，讲留学生回国以后生活的种种不适应。某个晚上，王胜寒看了这篇文章，又听朋友讲了一些事，一时兴起，"就特别来劲地演上了"。

"纽约留学女"在网上引起围观时，王胜寒正在布朗大学读本科，同时还在徐小平的真格基金实习。"徐老师特别喜欢'纽约留学女'。"王胜寒一边说一边乐，"我都觉得蛮奇怪的，一直不明白为什么他会喜欢这个。"对王胜寒来说，观察观众的各式反应也是一个"初步理解市场"的过程。她就像一个看客，冷眼旁观着群众的心理和状态，琢磨他们容易被什么东西触动。

"纽约留学女"本来是一个玩笑，可是当视频莫名其妙地火了，所有人都把它拿来当成一件特别的事说的时候，王胜寒心里觉得挺奇怪。"这个视频可能也就是体现了我的'作'，但不是一个呕心沥血认真做出来的东西。"两年后，做着"企鹅吃喝指南"，成为每天琢磨着怎么给观众深入浅出地普及红酒知识的"醉鹅娘"，才是王胜寒自己认可的"呕心沥血"之作。

"纽约留学女"忽然对红酒产生兴趣，缘于 2012 年她过生日收到了朋友送的一张酒吧充值卡。"那个酒吧很有趣，你可以每种酒只尝一点点。我尝了一圈，发现每种酒都特别不一样。"王胜寒那天又"来劲了"，天马行空地描述着每种酒的性格——这种酒"一定是一个国际范儿的拉斯维加斯的妓女"，那种酒"代表的是第三世界国家的希望"。说着说着她忽然想到：我这么能吹，应该有点专业精神，深入学习一下再来写意，效果肯定不一样。

为了系统地学红酒，王胜寒从布朗大学本科毕业后去了纽约一家米其林三星餐厅打工，又在纽约报了各种品酒班，也考了证书。但她不满足："我觉得我一直没有真正学透，总是在背着产区、地名、品种、特点，但感觉完全没通，对老师也不满意。"

虽然第一次品酒就发现了自己的天分，可是在学习中她却发现这些直觉都用不上，总是处在"知其然而不知其所以然"的状态。2013 年，她听说法国蓝带有个为期一年的葡萄酒专业资质培训，二话不说就去了。一年后，王胜寒从蓝带毕业后回国开始创业"企鹅吃喝指南"，从"纽约留学女"正式转型"醉鹅娘"。

第二，给大众的"格调指南"。

"醉鹅娘"负责"企鹅吃喝指南"中"喝"的部分——红酒，联合创始人之一的喃猫则负责"吃"的部分——西餐。喃猫是徐小平在饭桌上认识后，热情洋溢地推荐给王胜寒的。喃猫从初中开始最大的爱好就是看菜谱，梦想着当厨师，从中国传媒大学毕业时，毕业论文写的都是美食节目。但父母非要她做电影。喃猫退而求其次，想当个营养师，被父母拉去跟徐小平吃饭，咨询"营养师到底靠不靠谱"。饭桌上，徐小平点了两个菜，喃猫弱弱地问了句："我还能再加两个菜吗？"

这个"不太礼貌"的举动让徐小平对她产生了好奇。聊起来后，徐小平鼓励喃猫去蓝带学烹饪。"没想到我和喃喃还真投缘，而且后来我也去蓝带学葡萄酒了。"王胜寒说。2015 年春节后，"企鹅吃喝指南"会推出喃猫的早餐产品。

王胜寒想把"企鹅吃喝指南"做成一个大众化的"逼格指南"，其实是希望传达一种反权威的理念，以"知其所以然"的态度，把西餐和葡萄酒背后的文化知识深入浅出地讲给用户，让人们用最健康的态度学习"欣赏"的能力，而不是做得高深莫测。"就跟'纽约留学女'似的。"王胜寒说。她觉得当"装"和"反装"都成为媚俗的时候，正视"格调"才有机会东山再起。

"企鹅吃喝指南"针对入门级的用户，他们大多数有一定消费能力，是城市中年轻的金领，但也呈现出多元化的特征，比如会员中有空姐，还有一个妹子告诉王胜寒自己是一名电力工人，甚至还有一个寝室的姑娘集体出钱订购。无论是什么样的用户，王胜寒都希望他们能把葡萄酒"喝明白"。

如何真正让"小白"在最短的时间内进入葡萄酒的语言体系？"线下的品酒课可能是最好的方法。把一瓶很酸的酒和一瓶不酸的酒先后品尝，区别之大，你不可能喝不出来。这是帮一个'小白'入门最好的方式。再让他们慢慢体会其中细微的差别，把这些微妙之处投射到其他人和事当中，然后可能就彻底爱上了葡萄酒。"王胜寒说。

王胜寒发现自己有一种"跨界"的天赋，这有点类似于钱钟书说的"通感"，"因为每个人擅长的领域不同，跨界能让一个人更聪明"，也有助于听众对内容的理解。她绞尽脑汁想了很多跨界的形容词。在一期讲梅洛这个红葡萄品种的视频中，王胜寒把梅洛比喻成葡萄酒界的于丹，以此说明它的广泛和普及。

创业初期，真格基金给"企鹅吃喝指南"投了 100 万元天使轮。企鹅团开团以后，现金流已经跑起来了。企鹅团不喜欢直接卖酒，但一时想不到如何间接地卖酒，更不想卖"情怀"，所以采取了"福袋模式"，希望让用户觉得"我熟悉你、关心你，又没有攻击性"，更突出教育和服务，而不是突出"卖"这个行为。企鹅团对用户真正的期待是，通过每月订购一瓶或两瓶葡萄酒，让用户渐渐变成懂酒之人。

王胜寒希望"企鹅吃喝指南"从外观到内核都能打造统一风格，虽然现在的白底黑字页面也算清新雅致，但她更喜欢"野兽派花店"那种从店面布置到视频宣传都能传达出的统一格调。虽然从内容上，"企鹅吃喝指南"不想做高端，但仍然希望客户能感受到自己在被用心地对待——既有逼格，又被尊重。接下来一些名人也会受邀加入企鹅团，但他们会和普通的会员用户一样被编号，企鹅团会一视同仁地对待所有用户，无论是名人还是普通人。

"这个还没有开始喝葡萄酒的市场群体是难以估量的，一定要（对他们）有信心。"王胜寒说。

第三，创业以后就没有退路了。

"企鹅吃喝指南"的另一个联合创始人兼 CEO 志伟是在网上看了"纽约留学女"视频后找到王胜寒的。当时王胜寒正好在琢磨着创业。在真格基金实习时，经常被创业者的精神感召着，她早就发现自己"不是打工的命"。而在纽约那间制度森严的米其林三星餐厅打工时，她更确定了自己没法长期待在体制里，而是更愿意发挥自己的创造力。志伟说："我搭台子你唱戏。"也就是由志伟来运营和打造"醉鹅娘"和喃猫的个人品牌。王胜寒当时想，太好了，这样既可以做自己喜欢的内容，又不用管内容之外那些自己不擅长的事，就愉快地答应了——当然，一开始创业她就发现，"想得太美了"，王胜寒说，"那种'让志伟来管我就不用管了'的想法其实很不靠谱。"

她认为自己其实是一个很有大局观的人，"对于自己想要的东西非常明确，知道'企鹅吃喝指南'的品牌调性是什么，服务人群是谁以及如何去服务他们"。看上去"企鹅吃喝指南"走的是小资路线，但其实王胜寒心里非常清楚它是大众路线的产品，只是挑战在于怎样把这个大众产品做得不落俗套。

女人有时易受外界的影响，但在产品大方向上，王胜寒从没动摇过。有了个人品牌之后，她会受到很多邀请——出席活动、代言广告、各种商业机会，但这些王胜寒当下都不想要，只想服务好企鹅团的团员。"你得把心思全放在用户上，品牌要传达的东西才能更加鲜明。"

创业后，王胜寒告诫自己最多的是"坚持"。"因为我没有别的路，创业以后心态反而特别好，真正是不怕失败。比如说做企鹅团，如果没什么人来报名参团，我肯定会很受打击，但是我会积极地改变它，把它做得更好。我一直希望自己能有这种心态。"当她明确地知道自己已经没有后路的时候，对"失败"、"痛苦"反而想得不多了。

陪我："声值社交" 及网红团队

"陪我"是同道大叔开发的基于通话的陌生人情感社交软件。"陪我"宣布，在 2015 年下半年获得了 6000 万元的 A 轮融资，其中信中利领投，IDG、清控科创、中科资本、时尚集团跟投。"陪我"的创始人兼 CEO 孙宇晨表示："现在同道依然是陪我的顾问。"

第一，"陪我" 的 "声值社交"。

"陪我"是基于通话的陌生人情感社交软件，主打"声值社交"的概念，打造一个不看脸的世界。同时，还开辟了"匿名通话"功能，让一切难以诉说的秘密得以倾诉。"陪我"颠覆了目前移动互联网领域主流的社交模式，通过一键匹配不看颜值的无压匿名聊，让移动社交告别繁杂，更具效率与深度。让社交回归"以人为本"的同时，"陪我"以实时语音社交为基石，用其独有的收费体系，实现时间价值化和社交产品的金融化，让每个人因社交而盈利，让每个人的声音都能变现，让每个用户都成为产品生态圈的合伙人。

据孙宇晨透露，目前"陪我"的主要用户为"90 后"、"95 后"年轻人，集中于各大高校和高中。上线一周年，总注册用户接近 400 万人，累积通话时长超过 3 亿分钟，累积匹配次数已经超过 20 亿次。

当前主流移动社交模式主要有图片、视频和声音三类，图片社交有 Instagram、Nice，而视频直播也有 17、映克等，声音社交会是未来移动社交三足鼎立其中之一。不论以图片还是视频为载体，其本质都是"颜值社交"，颜值社交为主的社交 APP 会出现极端的两极化现象，90% 的用户是沉默的大多数，而 10% 的高颜值用户占有社交的主导权。90% 颜值不高的社交受压迫者并未享受到移动社交的真正乐趣。这种情况在 Instagram、Nice 和新浪微博中都非常明显。以"声值社交"为主打的"陪我"，就是从这一点切入，其不看脸的"声值社交"模式将构成对现有传统"颜值社交"模式的反动，从而使全球用户真正享受到"民主化"的移动社交快感。而目前"陪我"已经成为声值社交单一品类的领军企业，其增长趋势、用户黏性比竞品比邻、橘子热线偶尔高出一个数量级。

通过用户亲身体验，目前通过"陪我"的"新声"匿名聊功能匹配一名异性用户的时长在 10 秒以内，其发现与互动效率远高于主流视频直播和图片社交软件，"陪我"产品经理大蒜透露，"陪我"用户单日电话有效沟通人数为 40 人以上，远超业内主流社交软件 3 ~ 5 人的平均成绩。即时语音匹配天然是短时间内深入交流的沟通方式，因而在中国年轻人日趋"御宅"的今天，通过"陪我"APP 快速发现、高效沟通，直击日渐羞涩、封闭的中国宅男宅女们的痛点。

为了增加用户黏性，"陪我"现在推出两大功能。其一，"陪我"FM，前期由"陪我"员工录制，后期希望广大用户自行录制产生内容。用户是否愿意制作，还有待观察。其二，群聊功能。"陪我"让设计师开发了各种好玩的表情做红包封面，发红包的同时还能传达各种情绪。此举主要为了黏住

"陪我"的女性用户。其中群红包贡献了1/3产品上的流水。

4G时代来临，即时语音技术迎来爆发期，可以预见"陪我"2016年可期的用户与收入高增长。孙宇晨表示，"陪我"2016年将完成多轮融资，为2017年在国内资本市场有所作为打下基础。

第二，"陪我"背后的网红团队。

与其他社交产品不同的是，"陪我"团队同时具备极强的网红背景，其团队创始人兼顾问同道大叔是网红领域的经典范例，连续数月蝉联微博微信公众号阅读转发数全网第一。"陪我"团队策划拍摄的三部微电影，其中《陪我》、《整容前规则》在爱奇艺、优酷土豆、乐视视频登录后，总点击量突破1亿。

同道大叔有400多万微信粉丝，780万微博粉丝，篇篇微信文章阅读量超过十万次，据创始人蔡跃栋透露，同道大叔的估值已经超过了2亿元。根据公开的市场报价，同道的微信加微博每条10万元，微信每天以上限8条的数量推送。收入除了广告，也包括礼物定制和品牌授权。"陪我"第一批种子用户基本上靠同道大叔微博免费获得。

女生扎堆的自媒体大号同道大叔创办者蔡跃栋其实是个小鲜肉。清华毕业，处女座，1988年出生在广东潮州的一个农村家庭，2009年进入清华大学美术学院。大一就开始创业，同道大叔是他的第五个创业项目。

咪蒙：用文章满足用户需求

咪蒙火了。自 2015 年 9 月 15 日发第一篇文章到 2015 年 12 月底，咪蒙一共发了 70 篇文章，篇篇文章阅读量超过 10 万次，有些超百万次。凭借内容和才华闻名于世的咪蒙，显然已经成功获得了投资者的关注。

第一，咪蒙的文章类型。

咪蒙的文章类型比较集中，好辨识，可分为情感文、影评文和自我塑造文三类。

微信官方发布的数据显示，情感是最受关注的一个类目。咪蒙恰恰就经常写情感，主要分为两个系列：感情观和感情答疑。

感情观（鲜明的观点引发共鸣）：《夫妻间最大的矛盾是什么？阶级！》《为男人付出多少？底线是：你要输得起》《最高级的浪漫，就是柴米油盐鸡毛蒜皮》《只要前任老死不相往来，世界将变成美好的人间》。

感情答疑（找多数人感兴趣的话题，引发好奇和思考）：《异地恋怎么才能成功呢？》《如何对付爱搞暧昧的男人?》《记一件小事，什么时候该跟男人上床?》。

影评很重要的一点是：紧跟热点，有观点有态度。《港囧》2015 年 9 月 25 日上映，咪蒙 9 月 28 日写了影评。《夏洛特烦恼》《九层妖塔》《解救吾先生》2015年9月30日上映，咪蒙国庆期间也立刻跟进了影评。从有观点有态度看，追热点容易遇到一个大问题——大家都在追，内容如果千篇一律，读者容易审美疲劳。这时候另辟蹊径很重要，咪蒙在文章中也分享过：切入点要独到，因为热点话题一出来，所有公众号都会写，相当于命题作文啊，不能人云亦云。

在其他公众号讨论《港囧》好不好笑，怀念里面的粤语老歌时候，咪蒙站在赵薇这个角色的立场，讲了一般人看不到的部分，讲了令人唏嘘的现实——《港囧：斗小三的正确方式是，你要有很多很多的钱》，阅读量很快就超过100万次。

其他公众号讨论《夏洛特烦恼》有多好笑的时候，咪蒙冒出了一篇《夏洛特烦恼：男人为什么总想搞自己的初恋?》。

另外两篇的观点就更鲜明了，敢爱敢恨，有态度！以至于招惹了很多《九层妖塔》的粉丝，也有人留言问她是不是收了杨幂的钱。这种事容易引发话题、争议，爱你的人爱你入骨，恨你的人黑你到死。

在个人形象的塑造方面，咪蒙对自己形象的塑造有几个鲜明的标签：厨艺很好的吃货、又矮又胖、逗比的连续创业者、孩子他妈、花痴、编剧梦想等。从她写过的一些文章中可见一斑，比如，《我承认，我就是个没尊严的吃货》《我，一个矮子的史诗》《看书是我治疗自卑的唯一方法》《80本最棒的幼儿绘本推荐》《我是如何成功地把一家公司开垮的》等。这些文章不是出自那种高不可攀的白富美，而是很平凡，却很努力，是很有感情的活生生的你我他，这样一下子就有了亲近感和好感。

咪蒙在多数文章末尾，除了不忘打广告，一定还记得统一回答用户在后台的一些留言，这是一种关心的体现。

第二，咪蒙的公众号为什么火。

公众号要火，必须具备三个条件：一是有用。不论是新闻资讯还是一些增量信息，大家关注的一定是对自己有用的，比如天气、交通、美食等。二是有趣。微博大号冷笑话都上市了，从中可以看到有趣的巨大市场。三是共鸣。现在大家都很自我，其实应该帮大家一起去表达他们自己！共鸣就是"和我有关"，"这就是在说我"。我们看看咪蒙是怎么做到的。

有用：《女人到底想要什么样的惊喜?》（潜台词：那些搞不懂女人的男人们还不快来看看）；《如何对付爱搞暧昧的男人?》（潜台词：遇到爱搞暧昧的男人别怕，我教你怎么对付！）；《十一长假宅在家里看什么剧?》（潜台词：十一长假没去旅游无聊？发啥呆呢，看这些剧啊！）。

有趣：《我，一个矮子的史诗》《我承认，我就是个没尊严的吃货》《我是如何成功地把一家公司开垮的》，这是咪蒙的生活写照，自黑的逗比欢乐多，很多人留言说看着看着笑着笑着就能让人哭。

共鸣：《为什么我们要这么拼?》（那些正在奋斗的学霸、北漂们必然转发）；《〈康熙来了〉教坏我们的那些事》（康熙迷们和伪康熙迷们一定转发了）；《当我说"你吃饭了吗"，我说的是"我好想你啊"》（那些在搞暧昧的人在默默转发）。

总的来说，咪蒙的文章内容就是能够满足用户需求。

暴走漫画：紧跟热点，打造高质量内容

暴走漫画是西安摩摩信息技术有限公司旗下产品，是提供暴走漫画制作和展示的网站。暴走漫画形象简单，画面饱满，故事凝练，表情夸张，粗糙却通俗易懂，有强烈的视觉冲击感，令人印象深刻。强烈的对比让简短的故事跌宕起伏，故事情节颇具共鸣性，网站的制作器使网友可以尝试制作自己的暴走漫画，随时分享发生在自己身边的糗事。

第一，暴走大事件的内容质量高。

内容质量是传播最基础、最核心的要素。这里的内容质量不是说制作如何精良，投资如何巨大，而是要有爆点。如何判断一个作品质量是否高到得以广泛传播呢？

（1）分析作品的受众范围是否足够广大。人群大多习惯于关注自己熟悉的领域发生的事，而选择性地忽略其他领域的事情，除非这个事情已成为了全民共识或者关注焦点。因此，运营在进行受众判断时，必须反复考虑，跳出自身限制，才能减小误判概率。

（2）分析作品是否能给予受众情感上的强烈触动。一般来说，正向的情感触动更能引起广泛的主动传播，而负向的感情也会具有一定的传播性。从选择情绪触动来说，如果这个作品能让你"炸"了，让你的团队"炸"了，那么这个作品能传播出去的概率就会大大提升。怎样才能真正判断这个作品可"炸"呢？这依靠的是运营者本身的经验积累和判断力。如果你是一个看了空间中男默女泪文就抓心挠肝的运营者，那你可算是一个一碰就"炸"的摔炮，做出的判断也不能响。所以身为运营者必须大量观摩各种热点传播作品，不断地提高自己的"炸点"。当你已经达到了"阅尽千帆皆不是"的境界时，却仍然能被某一个作品一击即中地"炸"掉，那这个作品只要执行到位的话，八九不离十都能传播出去。

第二，短小的作品更为有效。

从现在的互联网情况来看，传播速度和范围的排列顺序是：gif→静图→段子→短视频（3分钟左右）。而随着网络使用成本的降低，公用网络的覆盖，预测未来短视频的位置会逐渐靠前。

因此，当时暴走漫画在传播的时候采取了一个策略，提炼大事件本身最吸引人、最快捷的部分进行传播。把每期大事件有爆点的地方截取成一个个短视频或者制作成gif、九宫格、长图等，并内嵌暴走漫画品牌。事实证明，传播速度大大加快了。当更多的人被这些短小的作品吸引，暴走漫画品牌系列的推广效果无论是从固定接受比例还是接受产品的成功率来看都大大增加。

短小的原则适用于一切你想要传播的内容。

第三，暴走大事件包括暴走漫画本身受众数量积累。

尽可能扩大受众的基数，是因为传播中的一个心理法则：从众心理。也就是我们常说的"多数服从少数"。暴走漫画品牌本身已经有一定的受众积累，这是一种得天独厚的资源，而进行传播工作之前一定要尽可能地扩大受众基数。

在具体执行时，暴走漫画的资源调配遵循了以下两个原则：

（1）了解资源的受众特点。并不是作品放在资源渠道上就会火，在投放之前必须清楚了解每个渠道用户的行为习惯。以空间、微博、微信为例。空间用户整体年龄较小，喜欢简单粗暴，内涵深刻的作品就很难扩散了，所以一些直白的传播点比较容易在这个渠道得到发酵；但在空间得以广泛传播的作品，微博用户大多是看不上的，微博用户有自己特殊的用语和传播习惯，需要用更新奇有趣的东西去打动他们；微信的传播更需要注重的是其关系的私密性，一些黄暴的东西就不适合在微信上传播，因为用户并不敢分享给自己通信录里的爸爸妈妈三姑六婆看。所以，在决定对某个作品进行传播时，不必强求全渠道铺开，而是依据各个渠道的特点有的放矢地进行投放。

（2）了解资源的传播特性。现在大部分渠道的在线峰值都会集中在晚上及周末，因此在进行传播投放时，一定要选准各个渠道在线人数最多的时段，这样能有效地保证资源利用最大化。如果在一定阶段内核心用户积累过慢又急于进行传播又该如何操作呢？这就需要借力传播，可以进行换量、抱团等合作，借助其他渠道的曝光平台，对自己的作品进行大范围的曝光。如果没有资金就需要动用个人资源或者公司资源，如果可以投入资金，就找准存在大量目标受众的平台进行投放。

第四，火遍全网的终极原因——紧跟网络热点。

对于擅长借势的运营来说，当今这个讲究跟风的时代简直可以算是一个最好的时代。当一个网络热点爆出时，盲从的用户成为了大多数，不参与的用户都被视为异类。这些用户在一个网络热点风行的时候，会孜孜不倦甚至不加判断地去吸取关于这个事件的一切信息。所以，你想要传播的作品一旦乘上了网络热点这艘大船，那么就会轻易地被人接受并传播。如果你的作品符合一些适宜传播的基本原则，那甚至会使大众疯狂。

暴走漫画所有为人熟知的传播，无论是《监狱风云》（明星吸毒事件），还是张全蛋（大众质量事件），还是肯打鸡（肯德基食品安全事件）都及时地赶上了网络热点的大船。

在这个快速迭代的时代，作为运营者不可有任何懈怠。网络舆论发展风云莫测，变化无常，所以你必须时刻保持警惕，哪怕离开半天、一个小时、十分钟，甚至打个盹就会直接被时代抛弃。所以你必须快，半天讨论，半小时出文案，一小时出图。"天下武功唯快不破"，一个够快的运营者，无论做什么都能有转圜的余地，有进取的空间，有创造奇迹的可能。

当然，你也可以不满足于借势而成为一个会造势的运营者，这要看在运营的更高阶段能否得到更多尝试的方向和目标。

参考文献

［1］程成，曾永红，王宪伟，彭盾，王吉斌. APP 营销解密：移动互联网时代的营销革命［M］. 北京：机械工业出版社，2014.

［2］叶开. 粉丝经济［M］. 北京：中国华侨出版社，2014.

［3］翁晋阳等. 解密社群粉丝经济（实战版）［M］. 北京：人民邮电出版社，2015.

［4］胡冬申. 淘宝网店实战宝典［M］. 北京：北京联合出版公司，2015.

［5］王达. 从零开始学电商：网店创业入门与经营技巧［M］. 北京：中国华侨出版社，2015.

［6］［美］托马斯. 社会化媒体实战：善用社交网络让企业经营更成功［M］. 廖晓红译. 北京：人民邮电出版社，2013.

后　记

在网红内容创业的这个风口，如何追得上？

内容创业已经火成这样，还能在收获广大受众的同时获得巨大的商业成功吗？在网红内容创业的这个风口，如何追得上？这两个问题的答案都应该是肯定的，只要你能做好下面的功课：

一是将"内容创业"拆分。"内容"是人人皆可生产的，分析这些网红的诞生地，无一离不开微博、微信、秒拍等社交平台，这些平台构建了一个个没有准入门槛的大众舞台。只要你发布的内容足够有创新性、娱乐性、实用性，皆可被广大受众传播。

二是抓住资本机遇。继社交产品、O2O 之后，资本此次盯上的内容创业，瞄准的是内容背后的受众覆盖。微博等社交平台有大量普通用户入场，在这样开放的环境和平台中，资本向这个方向倾斜，也是看重其背后庞大的用户群。

三是洞察人的向新性。人们总是对未知的事物有无限的好奇。以内容创业中的网红为例，虽然大部分生产软性信息，用短视频、微博段子等方式展现那些你没听过的段子、那些奇妙的组合、那些你没做过的事，抛出创意源头，引发社会关注和模仿风潮。

四是找好风口。综观比较几个内容创业成功的先例。2015 年，是新媒体投资元年，资本市场开始关注内容创业，频繁涌出融资消息。2015 年 10 月，媒体人罗振宇创办的拥有 530 万用户的罗辑思维完成 B 轮融资，估值高达 13.2 亿元。时机！时机！时机！就是在正确的时间做正确的事。

五是积累内容创业。光有风口是不够的。罗辑思维、papi 酱目前的成功背后，更多的是他们多年来知识与能力的积累和事先做好的充分准备，正所谓"机遇总是垂青有准备的头脑"。如果罗振宇没有博览群书和在央视工作多年积累的阅历、知识与能力，包括做过了几千部片子和节目，对于视频、音频类节目的生产、制作可以信手拈来，他能赶得上这个"内容创业"的风口吗？

六是创新，做别人没有做过的。现在大部分的内容创业，是跟在已经成功的先例后面炒着冷饭，模仿内容。当下的传播时代需要的是不一样的生产者，想别人没有想到的，做别人不敢做或没想到要做的，"先驱者"这个角色，总是最让人印象深刻的。

这年头，创业不易，对内容创业感兴趣的朋友们需要加油，哪天成了网红，也不要 360 度无死角卖萌打滚，还是要去读书、健身的。

最后，向在本书面世过程中给予大力支持的中国服务力第一人李羿锋老师、心灵财富教育第一人李胜杰老师、蚂蚁雄兵创始人刘军、e 学汇创始人肖峰、锐丽大屏幕董事长孙安君、青基会理事长商弘明等，以及我太太罗继霞女士的一贯支持与鞭策鼓励表示诚挚的感谢。